Abla Maalouf-Tamer

Vegane Köstlichkeiten – libanesisch

Abla Maalouf-Tamer

Vegane Köstlichkeiten – libanesisch

Inhalt

Traditionelle Rezepte aus meiner Heimat

Die libanesische Küche ist sehr vielfältig. Sie bietet für jeden Geschmack, für Vegetarier sowie für Fleischgenießer, abwechslungsreiche und gesunde Speisen und Delikatessen. Nach meiner Einschätzung sind allerdings die meisten Kochrezepte, die hierzulande als »libanesisch« im Umlauf sind, nicht authentisch und können deshalb Feinschmeckern kein echtes Bild von der levantinisch geprägten Küche des Libanon vermitteln. Ich möchte mit meinem Kochbuch dazu beitragen, diese Lücke zu schließen.

Die vegetarische Küche im Libanon blickt auf eine lange und reiche Tradition zurück, die heute noch gepflegt wird. Ein günstiges mediterranes Klima und ein fruchtbarer Boden ermöglichen den Anbau vieler Gemüse- und Getreidearten. Je nach Region wachsen die unterschiedlichsten Obstsorten, große Olivenhaine und Weinberge versorgen die Einwohner mit qualitativ hochwertigem Öl und Wein.

Die Bekaa-Ebene im Osten des Landes galt früher als Vorratsspeicher des Römischen Reiches und ist noch heute das wichtigste Anbaugebiet des Libanon.

Ein Großteil der Libanesen lebte bis vor wenigen Jahrzehnten von der Landwirtschaft. Vegetarisch zu kochen war deshalb billiger. Ein weiterer, nicht unbedeutender Grund für die Verbreitung vegetarischer Gerichte ist, dass nur diese von den Christen während der vielen Fastenzeiten verzehrt werden dürfen.

Vegetarisch bedeutet im Libanon, dass die Gerichte ganz ohne tierische Produkte zubereitet werden. Solche Gerichte werden auch in den christlichen Fastenzeiten, beispielsweise vor Weihnachten und Ostern, verzehrt. Die Angehörigen der orthodoxen Kirche, die sich an die Fastenregeln halten, fasten ungefähr die Hälfte des Jahres – besonders 40 Tage vor Weihnachten, 47 Tage vor Ostern, 14 Tage vor Mariä Himmelfahrt sowie jeden Mittwoch und Freitag.

Dieses Buch enthält über 100 vegetarische Rezepte, darunter auch traditionelle Rezepte aus der Küche meiner Mutter, die in libanesischen Restaurants in der Regel nicht mehr zu bekommen sind.

Das Land Libanon

Die Libanesische Republik liegt am östlichen Mittelmeer, im Westen begrenzt vom Mittelmeer, im Norden und Osten von Syrien und im Süden von Palästina/ Israel.

Das abwechslungsreiche Land Libanon ist mit nur 10.452 Quadratkilometern etwa halb so groß wie das Bundesland Hessen und hat ungefähr vier Millionen Einwohner. Die Zahl der Libanesen, die im Ausland leben, übersteigt bei weitem diese Zahl. Vor allem wegen des Krieges (von 1975 bis 1991), wanderten viele Libanesen aus. Aber auch nach Ende des Krieges hält die Auswanderung junger Libanesen aufgrund der schlechten Wirtschaftslage an.

Der Name Libanon bedeutet »weißer Berg«, eine Bezeichnung, die vermutlich vor Tausenden von Jahren entstand und darauf zurückzuführen ist, dass die Gipfel der bis zu 3000 Meter hohen Berge in der meisten Zeit des Jahres schneebedeckt sind. Vom Strand aus sind die Berge innerhalb einer Stunde mit dem Auto zu erreichen. Eine poetische Beschreibung der verschiedenen Klimazonen Libanons lautet: »Libanon trägt den Winter auf seinem Haupte, auf seinen Schultern den Frühling, in seinem Schoß den Herbst – der Sommer aber schläft zu seinen Füßen, vom Meer umrauscht«.

Das Libanongebirge war ursprünglich von dichten Nadelwäldern bedeckt. Heute gibt es Baumkulturen und Anbauflächen für Oliven, Feigen, Äpfel, Wein, Hülsenfrüchte, Kartoffeln und Getreide. In der Bekaa-Ebene – der »Kornkammer Libanons« – werden Getreide, Gemüse, Obst, Wein und Zuckerrüben angebaut. Die Städte an der Küste sind bekannt für ihre Zitrusfrüchte, Fische und Meersfrüchte. Das Antilibanon-Gebirge im Osten ist dagegen weniger fruchtbar.

An den Westhängen, wo die Skigebiete liegen, stehen die berühmten Zedern des Libanon. Schon in der Antike wurde der Großteil des Zedernbestandes abgeholzt und nach Ägypten oder auch zum Tempelbau nach Jerusalem ausgeführt. Heute ist die Zeder das Wahrzeichen des Libanon und wird auf der Landesflagge auf einer weißen Fläche zwischen zwei roten Streifen abgebildet.

Die dicht besiedelte Mittelmeerküste, an der die Hafenstädte Tripolis, Byblos, die Hauptstadt Beirut, Sidon und Tyrus liegen, bildet bis heute den wirtschaftlichen Schwerpunkt des Landes.

Im Libanon, der Wiege des Alphabets, ist Arabisch die Hauptsprache, Englisch und Französisch sind allerdings ebenfalls weit verbreitet.

Die libanesische Küche

Die libanesische Küche genießt einen hervorragenden Ruf. Die Libanesen mögen gutes Essen und nehmen sich auch für die Vorbereitung und das Essen der leckeren Speisen viel Zeit. Charakteristisch ist, besonders bei den Vorspeisen, der *Mezza*, die malerische Dekoration der Speisen. Die *Mezza* besteht aus bis zu 40 verschiedenen libanesischen Delikatessen. Darunter sind Salate, kleine Teigtaschen mit den unterschiedlichsten Füllungen, angemachter Käse und Quark, aber auch gebratenes, püriertes oder gefülltes Gemüse. Diese Vorspeisen werden in kleinen Schälchen serviert.

Zu den *Mezza* wird Arak (Anisschnaps), mit Wasser und Eiswürfeln verdünnt, getrunken. Als Hauptspeisen werden unterschiedlichste Gemüsegerichte, wie sie in diesem Buch vorgestellt werden, serviert, in nichtvegetarischen Familien auch Fleisch-, Fisch- und Hähnchengerichte. Dazu kann man auch einen guten libanesischen Wein trinken.

Das libanesische Brot ist dünn und wird aus hellem oder dunklem Weizenmehl gebacken. Brot ist mehr als nur Beilage, es darf auf dem Tisch nicht fehlen, denn es dient als essbarer Löffel. Man nimmt ein Stückchen Brot und schaufelt sich etwas von den Speisen darauf.

Für den Nachtisch hat man die Qual der Wahl zwischen den leckeren Süßspeisen: beispielsweise *Baklawa, Katayef, Mighli* oder *Namura*. Dazu trinkt man Kaffee mit oder ohne Kardamom.

Die libanesische Küche ist nicht kompliziert. Man braucht aber Zeit, um die Gemüse fein zu schneiden. Es werden auch nicht viele, besondere Grundnahrungsmittel benötigt. Zum Würzen der Speisen werden reichlich Petersilie und Minze verwendet. Wichtig für das Aroma der Gerichte sind vor allem Kardamom, Gewürznelken, Kreuzkümmel, Paprika, Pfeffer und Muskat. Thymian und Oregano sind in der libanesischen Küche keine Gewürze, sondern werden für Brotaufstriche verwendet.

Zum Aromatisieren werden viele Gerichte zusätzlich mit frisch gepresstem Zitronensaft, gehackten Zwiebeln und püriertem Knoblauch verfeinert.

Regionen und Spezialitäten im Libanon

Viele Orte des Libanon sind für ihre Spezialitäten bekannt. Da das Land nicht sehr groß ist, könnte man an einem Tag zwei oder drei Orte besuchen, um dort die verschiedensten Spezialitäten zu genießen.

- An der *Küste* bieten Fischrestaurants die unterschiedlichsten Fischgerichte an. Aber auch Orangen, Zitrusfrüchte und Bananen werden dort angebaut.
- In *Tripoli* isst man gerne Süßigkeiten, Falafel und Hommos.
- In *Ehdin,* in den Bergen im Norden, bekommt man die größten und die besten gefüllten Kebbe.
- In *Batrun* trinkt man frische Limonade.
- *Al-Koura* ist für das beste Olivenöl und berühmte Eisspezialitäten bekannt.
- In *Zahle* werden alkoholische Getränke, im *Berglibanon* Weine und Obst angeboten.
- Die *Saniura,* eine leckere Süßigkeit, ist nur in *Sidon* zu bekommen.
- In *Akkar* bekommt man die besten Zwiebeln, Gemüse, Obst und Erdnüsse.
- In der *Bekaa-Ebene* wachsen Getreide, Gemüse und Früchte.

Die Mahlzeiten im Libanon

Das Frühstück

Schon vor dem Frühstück trinken die meisten Libanesen eine oder mehrere Tassen arabischen Kaffee. Im Dorf treffen sich die Frauen aus der Nachbarschaft zu diesem Zweck, das »outfit« für solche gegenseitigen Besuche ist der Schlafanzug oder der Morgenmantel. Dieser Besuch heißt »Morgenstündchen«. Die wichtigsten Gesprächsthemen sind frische Nachtträume, neue Ereignisse im Dorf und die Vorbereitung des Mittagessens. Zum Schluss wird der Kaffeesatz gelesen.

Zu Hause stehen auf dem traditionellen Frühstückstisch folgende Speisen: Brot, Milch, schwarzer Tee, ein Sandwich aus Brot und *Zaater* (Thymianmischung) mit Olivenöl, Quark, Eier, Käse, Butter, Marmelade (beispielsweise aus Feigen, Trauben, Quitten oder Aprikose), Honig oder ein Dip aus Trauben- oder Johannesbrotsirup gemischt mit *Tahina* (Sesammus) und Obst.

Wer sein Frühstück unterwegs kauft, wählt beispielsweise *Mankusch*, frisch aus dem Ofen mit *Zaater,* Käse oder Zucker, knusprige Croissants, ungefüllt oder gefüllt mit *Zaater* oder Schokolade, oder süße *Knafeh*, mit Käse oder Sahne.

Noch kräftiger ist das Frühstück, das aus *Foul mdammas* (angemachte Dicke Bohnen) und *Hommos* (Kichererbsen) besteht. Dazu gibt es in der Regel *Fatteh* (Kichererbsen, geröstetes Brot mit Joghurt und Knoblauch) oder in nichtvegetarischen Familien auch angebratenes Hackfleisch und Spiegeleier. Tomaten, Gurken, Minze, eingelegte Oliven, Paprika, Gurken und weiße Rüben dürfen dabei nicht fehlen.

Das Mittagessen

Das Mittagsmenü besteht meist aus zwei Gerichten und einem Nachtisch. Wenn kein Burghul serviert wird, gibt es Reis oder Kartoffeln als Beilage zu unterschiedlichsten Gemüsegerichten. Zucchini, Auberginen, Weißkohl oder Weinblätter werden zum Mittagessen mit verschiedenen Füllungen angeboten. Gefüllte Teigwaren sind dagegen eher als Zwischenmahlzeit gedacht.

In nichtvegetarischen Familien kommt außerhalb der Fastenzeiten auch Fisch, Fleisch oder Geflügel auf den Tisch, hauptsächlich Ziegen- und Lammfleisch oder Rindfleisch, seltener Schweinefleisch.

Das Abendessen

Im Herbst und Winter, wenn die Tage kurz sind, isst man am frühen Abend, im Frühling und Sommer erst sehr spät.

Wenn das Abendessen die Hauptmahlzeit ist, fällt es üppiger aus, sonst isst man leichte Gerichte wie Suppe, Salate oder Käse. In traditionellen Restaurants wird in der Regel abends spät gegessen. Dem Hauptgericht geht die *Mezza* voran. Danach kann ein Gericht mit Fisch oder Fleisch folgen, meistens begnügt man sich aber nach der *Mezza* mit einem Nachtisch. Zur *Mezza* kann man das Nationalgetränk Arak oder Wein trinken und Wasserpfeife rauchen.

Die Familienmitglieder treffen sich normalerweise zum Essen in der Küche. An Festtagen werden die Gäste an den Esstisch im Esszimmer oder Wohnzimmer gebeten. Gestrickte oder gestickte Tischdecken zieren die Tische, neben Tellern und Besteck werden auch kleine Gläser für Arak (etwa 8 – 10 cm hoch) oder Weingläser gedeckt.

Traditionell werden die Gerichte nacheinander serviert: zuerst die Vorspeisen, dann die Hauptgerichte samt Beilagen, danach Süßigkeiten und Obst und zum Schluss eine Tasse Kaffee.

Mit den Gläsern für Arak und Wein wird auf das Wohl der Anwesenden angestoßen.

Kleines Lexikon

Für »Prost« und »zum Wohl« sagt man bei uns:

كاسَك = *kasak* (männlich)

كاسِك = *kasik* (weiblich)

كاسكم = *kaskum* (plural)

كاس محبة	*kas mhabba* = Auf die Liebe, auf die Freundschaft!
بصحتكم	*bsihhitkum* = Auf Eure Gesundheit!
سلّم دياتك	*sallim dayyatik* = Deine Hände mögen gesund bleiben! (das sagt man zu der Frau, die das Essen bereitet hat)
يخليكن	*ykhallikun* = Gott möge Euch erhalten!
بالافراح	*bil-afrah* = Bei fröhlichen Anlässen!
بفرحة عريس	*bfarhet 'aris* = Wenn Euch ein Sohn geboren wird!
بفرحتك	*bfarehtak* (m.) / *bfarehtik* (w.) = Wenn Du heiratest!
سفرة دايمة	*sufra daimeh* = Eure Tafel möge immer eingedeckt bleiben! (d.h. es möge Euch immer gut gehen)
دايماً وطويل	*daiman wa-tawil* = lang und immer
عامر	*'amir* = Euer Haus möge wohl behalten bleiben!

Statt »guten Appetit!« sagt man im Libanon:

صحتين *sahtain* = zweimal Gesundheit

Darauf antwortet man: ع قلبك *´a-qalbak* = Deinem Herzen!

oder شكرًا *schukran* = Danke!

15

Hinweise zu den Rezepten

Soweit nicht anders angegeben, sind die Rezepte für vier Personen berechnet.

Abkürzungen und Mengenangaben der benutzten Messlöffel:
EL = Esslöffel
TL = Teelöffel

1 EL = 15 ml
1 TL = 5 ml

Menge der Gewürze:
Die Angaben zu der Menge der verwendeten Gewürze und von Zwiebeln und Knoblauch sind Durchschnittswerte. Individuell sollten Sie prüfen, was Ihnen schmeckt und wie viel Sie davon jeweils verwenden möchten.

Zu den Zubereitungszeiten:
Die Zeiten zum Waschen, Putzen oder Schälen wurden bei den Zubereitungs-zeiten mitgerechnet, allerdings handelt es sich dabei um Durchschnittswerte. Individuell kann die benötigte Zeit, beispielsweise fürs Schälen von Gemüse, abweichen.

Zu den Backtemperaturen:
Die angegebenen Temperaturen sind Richtwerte für Elektroherde, sie können je nach verwendetem Backofen abweichen.

17

Suppen

Im warmen Sommer werden auch im Libanon leichte Suppen bevorzugt, im kalten Winter sind dagegen wärmende Suppen gefragt – vor allem mit Hülsenfrüchten. Stehen dann noch Brot und eingelegtes Gemüse auf dem Tisch, wird die Suppe zur sättigenden Hauptmahlzeit.

Jede Region hat ihre eigenen Suppenspezialitäten. In den Topf kommen stets die Zutaten, die vor Ort erhältlich sind – ob in der Nähe des Meeres, auf den Bergen oder in der fruchtbaren Bekaa-Ebene.

Bohnensuppe
Schurbit Fasuliyahamra

فاصوليا حمرا

Zubereitungszeit: 90 Minuten
+ Einweichzeit über Nacht

300 g rote Bohnen
etwa 3 l Wasser
300 g Zwiebeln
Knoblauch nach Belieben
100 ml Olivenöl
4 EL Tomatenmark
Pfeffer
Salz

Die Bohnen über Nacht einweichen. Am nächsten Tag in gut 2 l frischem Wasser ohne Salz zum Kochen bringen. Bohnen etwa 1 Stunde gar kochen lassen, dabei Wasser nach Bedarf hinzufügen.
Zwiebeln und Knoblauch schälen und fein hacken. Olivenöl in einer Pfanne erhitzen, Zwiebeln und Knoblauch darin goldbraun anbraten, anschließend unter die fertig gegarten Bohnen mischen.
Die Bohnen weitere 5 Minuten kochen lassen, dann das Tomatenmark dazugeben. Mit Pfeffer und Salz würzen und bei schwacher Hitze 10 Minuten weiterköcheln lassen.
Die Suppe nochmals mit Salz abschmecken.

Tipp: Statt der roten Bohnen können auch weiße, getrocknete Bohnen verwendet werden. Mit weniger Wasser wird daraus ein Bohneneintopf, den Sie mit Reis und Salat servieren können.

Linsensuppe
Schurbit Adas

شوربة عدس

Zubereitungszeit: 40 Minuten

200 g braune Linsen
2 l Wasser
100 g Milchreis
150 g Zwiebeln
5 EL Olivenöl
½ TL gemahlener Kreuzkümmel
Salz
1 Fladenbrot
3 EL gehackte glatte Petersilie

Die Linsen verlesen, waschen und mit dem Wasser etwa 15 Minuten kochen lassen.
Den Reis dazugeben und weitere 10 Minuten köcheln.
Währenddessen die Zwiebeln schälen und fein hacken. Das Olivenöl in einer Pfanne erhitzen und die Zwiebeln darin glasig dünsten. Danach die Zwiebeln in die Suppe geben und 5 Minuten köcheln lassen, dabei ab und zu umrühren. Die Suppe mit einem Pürierstab pürieren, mit Kreuzkümmel und Salz abschmecken. Falls die Suppe zu dick wird, mit etwas heißem Wasser verdünnen und bei schwacher Hitze noch einmal 5 Minuten köcheln lassen.
Das Fladenbrot im Backofen bei 200 °C rösten und in kleine Stücke brechen.
Suppe in tiefen Tellern mit Brotstücken und Petersilie garniert servieren.

Saure-Linsen-Suppe
Schurbit Adas behamed

شوربة عدس بحامض

Zubereitungszeit: 45 Minuten

200 g braune Linsen
3 l Wasser
4 EL Olivenöl
100 g gehackte Zwiebeln
3 zerdrückte Knoblauchzehen
½ TL gemahlener Kreuzkümmel
Salz
2 – 3 EL Granatapfelsirup
1 EL Weizenvollkornmehl
2 EL Wasser
100 g Spinatblätter, in feine Streifen geschnitten
3 EL grob gehackte glatte Petersilie

Die Linsen verlesen, waschen und mit dem Wasser zum Kochen bringen, etwa 25 Minuten gar kochen lassen.

Das Olivenöl in einer Pfanne erhitzen, Zwiebeln und Knoblauch bei mittlerer Hitze dünsten und zu den Linsen geben. Kreuzkümmel, Salz und Granatapfelsirup hinzufügen, umrühren und bei schwacher Hitze etwa 10 Minuten köcheln. Falls die Suppe zu dickflüssig wird, noch etwas heißes Wasser hinzufügen.

Das Mehl in einer Tasse mit dem Wasser anrühren und zum Binden in die Suppe geben.

Spinat und Petersilie hinzufügen und die Suppe noch einmal 3 Minuten kochen. Mit Salz abschmecken und noch 5 Minuten ziehen lassen.

Sofort servieren – aber auch kalt schmeckt die Suppe sehr gut.

■ **Tipp:** Statt des Granatapfelsirups können Sie auch 4 EL Zitronensaft verwenden.

Mönchssuppe
Schurbit Arrahib

شوربة الراهب

Zubereitungszeit: 45 Minuten

Für die Suppe:
100 g braune Linsen
2 l Wasser
250 g Zwiebeln
4 Knoblauchzehen
Salz
200 g Blattspinat oder Mangold
1 Bund glatte Petersilie
2 EL Granatapfelsirup
1 EL Mehl
etwas Wasser
100 ml Olivenöl
1 EL gehackte Zwiebel
½ TL gemahlener Kreuzkümmel

Für die Bällchen:
100 g feiner Burghul
4 EL Wasser
125 g Mehl
1 EL fein gehackte Zwiebel
3 EL gehackte glatte Petersilie
1 Hand voll frische Minze oder ½ TL getrocknete Minze
Pfeffer
Salz

Den Burghul für die Bällchen mit dem Wasser verrühren und zur Seite stellen. Die Linsen mit dem Wasser zum Kochen bringen und etwa 15 Minuten köcheln lassen.

In der Zwischenzeit Zwiebeln und Knoblauch schälen, fein hacken und zu den Linsen geben. Mit 1 TL Salz würzen.

Spinat oder Mangold und Petersilie waschen, fein schneiden, hinzufügen und in der Suppe 5 Minuten ziehen lassen.

Den eingeweichten Burghul mit Mehl, Zwiebeln, Kräutern und Gewürzen zu einem Teig vermischen. Aus dem Teig kleine Bällchen formen und in den Topf zu den Linsen geben. 5 Minuten ziehen lassen und anschließend den Granatapfelsirup hinzufügen.

Das Mehl mit wenig Wasser verrühren und zum Binden in die Suppe geben, umrühren und kurz aufkochen lassen.

Das Olivenöl erhitzen, die gehackten Zwiebeln darin anbraten und zur Suppe geben.

Nach Geschmack mit Kreuzkümmel und Salz abschmecken.

> Am Karfreitag findet man dieses Gericht auf jedem Esstisch der libanesischen Christen. Dazu bietet man frischen Thymian oder Oregano, Löwenzahn und eingelegte Oliven an. Da Jesus Christus nach der christlichen Überlieferung an diesem Tag gekreuzigt wurde, isst man gar nichts oder nur dieses Gericht. Die Beilagen sollten als Symbol für die Leiden Jesu bitter oder sauer schmecken.

Rote Linsensuppe
Mjadra hamra

مجدرة حمرا

Zubereitungszeit: 40 Minuten

200 g rote Linsen
2 l Wasser
125 g grober Burghul
100 g Zwiebeln
5 EL Olivenöl
Salz
¼ TL gemahlener Kreuzkümmel

Die Linsen verlesen, waschen und mit dem Wasser zum Kochen bringen. Etwa 15 Minuten köcheln lassen und dann den Burghul dazugeben. Die Suppe weitere 10 Minuten kochen lassen und gelegentlich umrühren.
Die Zwiebeln schälen und fein hacken. Olivenöl in einer Pfanne erhitzen, die Zwiebeln dunkelbraun anbraten und zur Suppe geben.
Die Suppe mit dem Pürierstab pürieren. Zuletzt mit Salz und Kreuzkümmel abschmecken.

Zucchinisuppe
Schurbit Kusa

شوربة كوسى

Zubereitungszeit: 70 Minuten
+ Einweichzeit über Nacht

150 g Kichererbsen
1 l Wasser
600 g Zucchini
200 g Zwiebeln
4 Knoblauchzehen
50 ml Olivenöl
Salz
3 EL Tomatenmark
Pfeffer
Chilipulver
2 EL gehackte glatte Petersilie

Die Kichererbsen über Nacht einweichen. Am nächsten Tag in dem Wasser 45 Minuten gar kochen.
Während die Kichererbsen garen, die Zucchini waschen und in mittelgroße Würfel schneiden. Zwiebeln und Knoblauch schälen und grob hacken.
Olivenöl in einem tiefen Topf erhitzen, Zwiebeln und Knoblauch darin kurz anbraten. Die Zucchini hinzufügen, untermischen und weitere 5 Minuten garen.
Die weichen Kichererbsen über einem Sieb abgießen und das Kochwasser dabei auffangen. Kichererbsen mit etwas Salz zu den Zwiebeln und den Zucchini geben und unterrühren. Mit dem noch heißen Kochwasser der Kichererbsen und zusätzlichem heißen Wasser (insgesamt 1 l) ablöschen.
Die Suppe noch 5 Minuten kochen lassen, dann das Tomatenmark dazugeben. Mit Pfeffer, Chilipulver und Salz würzen und bei schwacher Hitze 10 Minuten köcheln lassen.
Zum Schluss die Suppe mit Salz abschmecken, die gehackte Petersilie hinzufügen und mit der Suppe mischen.

Saucen

Das erste und wichtigste Gebot für jedes libanesische Kochrezept, vor allem aber für die Saucen, ist die Verwendung frischer Zutaten. Tahina und Knoblauch gehören fast immer mit dazu. Je nach Geschmack werden die Saucen scharf oder mild abgeschmeckt und mit mehr oder weniger Zwiebeln zubereitet.

Petersilien- und Korianderblätter verfeinern das Aroma und werden außerdem gerne zum Dekorieren über die fertige Sauce gestreut. Zitronen sollten Sie ebenfalls immer zu Hause haben. Nicht nur in Saucen, sondern auch bei vielen anderen libanesischen Speisen ist Zitronensaft allgegenwärtig.

Granatapfelsirupsauce
Salsit hamid arrimman

صلصة حامض الرمان

Zubereitungszeit: 10 Minuten

1 Frühlingszwiebel oder 1 kleine Zwiebel
1 Knoblauchzehe
2 EL Granatapfelsirup
3 EL Wasser
1 EL gehackte Petersilie
Salz

Die kleine Zwiebel schälen und fein schneiden. Die Knoblauchzehe schälen und durch eine Presse drücken.
Granatapfelsirup mit der Zwiebel und dem Knoblauch mischen.
Wasser und Petersilie dazugeben und die Sauce mit etwas Salz abschmecken.

Tipp: Diese Sauce passt ausgezeichnet zu gebratenem Gemüse.

Knoblauchsauce
Salsit Tum

صلصة ثوم

Zubereitungszeit: 5 Minuten

5 Knoblauchzehen
5 – 7 EL Olivenöl
Salz
eventuell 2 EL Zitronensaft

Die Knoblauchzehen schälen und pürieren.
Knoblauch mit dem Olivenöl vermischen und mit Salz abschmecken. Eventuell Zitronensaft hinzufügen.
Diese Sauce wird zu Gebratenem serviert.

Tipp: Im Frühling gibt es grüne Knoblauchblätter, die anstelle der Knoblauchzehen verwendet werden können. Wenn man dann noch frisch gebackenes Brot dazu isst, findet man kaum ein Gericht, das besser schmeckt. Grüne Minze oder Petersilie hilft, den Knoblauchgeruch zu verbergen.

Knoblauchsauce mit Kartoffeln
Salsit Tum wabatata

صلصة ثوم وبطاطا

Zubereitungszeit: 20 Minuten

100 g gekochte Pellkartoffeln
5 Knoblauchzehen
100 ml Öl
2 EL Zitronensaft
Salz

Die Kartoffeln pellen und in einem tiefen Teller pürieren.
Knoblauchzehen schälen, zerdrücken und zur Kartoffelmasse geben, alles gut vermischen.
Öl und Zitronensaft nach und nach abwechselnd unter ständigem Rühren hinzufügen. Mit etwas Salz abschmecken.
Diese Sauce passt zu allem Gebratenen, z. B. zu gebratenen Kartoffeln.
Die gekochte Kartoffel mildert den Knoblauchgeschmack.

Tipp: Sie können auch klein geschnittene Tomaten unter die Sauce heben.
Auch als Brotaufstrich eignet sich diese Knoblauchsauce hervorragend, dazu einige Tomatenscheiben – einfach köstlich.

Tomatensauce
Salsit Banadura

صلصة بندورة

Zubereitungszeit: 30 Minuten

100 g Zwiebeln
2 Knoblauchzehen
2 EL Olivenöl
500 g Tomaten
2 EL gehackte glatte Petersilie
1 EL Tomatenmark
½ EL getrockneter Thymian
Salz

Zwiebeln und Knoblauch schälen und fein schneiden.
Öl in einem Topf erhitzen und Zwiebeln und Knoblauch darin glasig dünsten.
Tomaten waschen, grob schneiden und mit den restlichen Zutaten zu den Zwiebeln geben.
Die Sauce bei mittlerer Hitze etwa 15 Minuten köcheln lassen, dabei ab und zu umrühren.
Die Tomatensauce mit dem Pürierstab pürieren, mit Salz abschmecken.

■ **Tipp:** Diese Sauce passt vor allem gut zu Spaghetti.

Tahina-Koriander-Sauce
Salsit Tahina wakusbra

صلصة الطحينة مع الكزبرة

Zubereitungszeit: 20 Minuten

50 g Zwiebeln
3 Knoblauchzehen
2 EL Olivenöl
50 g Tahina (Sesammus)
100 ml Wasser
2 EL Zitronensaft
30 g frische Korianderblätter
1 TL gemahlener Koriander
1 Prise Pfeffer
Salz
2 EL Pinienkerne

Zwiebeln und Knoblauch schälen und fein schneiden.
Olivenöl in einem kleinen Topf auf mittlere Hitze erwärmen. Zwiebeln und Knoblauch darin andünsten.
Tahina mit Wasser und Zitronensaft vermischen, zu den Zwiebeln in den Topf geben und die Sauce zum Kochen bringen. Anschließend bei schwacher Hitze etwa 5 Minuten köcheln lassen.
Korianderblätter waschen, trockenschütteln und fein schneiden. Zusammen mit den Gewürzen zu der Sauce geben. Mit Salz abschmecken.
Die Pinienkerne in einer Pfanne rösten und über die Sauce streuen.

Tipp: Die Sauce zu gebratenem Gemüse servieren, Blumenkohl passt besonders gut dazu.

Tahinadip
Salsit Tahina

صلصة طحينة

Zubereitungszeit: 10 Minuten

3 Knoblauchzehen
Salz
4 EL Tahina (Sesammus)
Saft einer Zitrone
120 ml Wasser
2 EL gehackte glatte Petersilie

Die Knoblauchzehen schälen, durch eine Knoblauchpresse drücken und mit etwas Salz gut vermischen.

Tahina, Zitronensaft und Wasser dazugeben und alles verrühren. Die Petersilie unterrühren, anschließend die Sauce mit Salz abschmecken.

■ **Tipp:** Dieser Dip schmeckt sehr lecker zu Falafel oder gebratenem Gemüse.

Salate

Salate passen immer, zu jeder Jahreszeit und zu den verschiedensten Gerichten. Gemüse der Saison, aromatische Kräuter, Olivenöl und Zitronensaft sind die wichtigsten Zutaten der libanesischen Salate.

Petersilie kommt nicht als Gewürz, sondern gleich in größeren Mengen in die Salatschüssel. Unentbehrlich sind die würzigen Blätter beispielsweise für Tabboule. Diesen köstlichen Petersilien-Burghul-Salat gibt es in vielen Variationen. Die Zutaten können dabei nach Lust und Laune variieren, Petersilie muss aber immer reichlich mit hinein.

Artischockensalat
Salatit Ardischwki

سلطة ارضي شوكي

Zubereitungszeit: 10 Minuten

4 große eingelegte Artischocken (350 g)
3 Knoblauchzehen
1 Bund glatte Petersilie
4 EL Olivenöl
Salz

Die eingelegten Artischocken mit frischem Wasser abspülen, etwas abtropfen lassen und würfeln.
Die Knoblauchzehen schälen und pürieren. Petersilie waschen, trockenschütteln und fein schneiden.
Knoblauch mit dem Olivenöl und der Petersilie mischen, auf den Artischocken verteilen und mit etwas Salz abschmecken.

Tipp: Wenn frische Artischocken verwendet werden, sollten sie jung sein. In diesem Fall die äußere Schicht Blätter entfernen, die Spitzen der inneren Blätter abschneiden und die Artischocken etwa 15 Minuten im Wasser kochen. Nach dem Kochen die Blätter bis zum Herz entfernen und zur Seite legen, da die Enden der Blätter essbar sind. Bei den Artischockenherzen das Heu aus der Mitte entfernen. Warm oder kalt verwenden.
Große und gut eingelegte Artischocken findet man in arabischen Lebensmittelgeschäften.

Basilikum-Tomaten-Salat
Salatit Banadura wa Habaq

سلطة حبق وبندورة

Zubereitungszeit: 10 Minuten

3 große Fleischtomaten
frisches Basilikum (Menge nach Belieben)
1 – 2 Knoblauchzehen
2 EL Zitronensaft
4 EL Olivenöl
Salz
Pfeffer

Die Tomaten waschen, trocknen und in mittelgroße Scheiben schneiden, Basilikum waschen, grob hacken und mit den Tomaten mischen.
Knoblauchzehen schälen, zerdrücken und mit Zitronensaft, Olivenöl, Salz und Pfeffer eine Salatmarinade herstellen.
Die Sauce über den Tomatensalat gießen, vorsichtig vermischen und mit Salz und Pfeffer abschmecken.

Basilikum ist in der Region, aus der ich komme, wegen seines Geruches sehr beliebt, daher findet man einen oder mehrere Töpfe auf jedem Balkon. Nicht nur als Gewürz, sondern auch zu medizinischen Zwecken wird Basilikum verwendet. Ein aus Basilikum gekochter Tee wirkt bei zu hohem Blutdruck wahre Wunder.

Bohnenkrautsalat
Salatit Zaater

سلطة زعتر

Zubereitungszeit: 10 Minuten

4 Bund Bohnenkraut (200 g)
1 kleine rote Zwiebel
5 EL Olivenöl
2 – 4 EL Zitronensaft
Salz

Das Bohnenkraut putzen, waschen und trockenschütteln, anschließend grob schneiden.
Die Zwiebel schälen, fein würfeln, mit Olivenöl und dem Zitronensaft mischen.
Die Marinade zum Bohnenkraut geben und untermischen.
Mit Salz abschmecken.

Tipp: Zu diesem Salat reichen Sie am besten Oliven und Brot.

Bohnenkraut wird in meiner Heimat in vielen Gärten angebaut. Bei uns wird es aber nicht als Gewürz für Bohnen, sondern für Salate verwendet. Wir bezeichnen Bohnenkraut als milden Thymian.

Bauernsalat
Fattousch

فتوش

Zubereitungszeit: 30 Minuten

3 kleine Salatgurken
2 mittelgroße Tomaten
1 Paprikaschote
1 Bund Radieschen
1 Bund Vogelmiere oder 50 g Feldsalat
1 Bund glatte Petersilie
1 kleine rote Zwiebel oder 2 Frühlingszwiebeln
1 Hand voll frische Pfefferminze oder 1 TL getrocknete Pfefferminze
4 Blätter Kopfsalat
100 ml Olivenöl
1 EL Zitronensaft
1 TL Essig
2 gepresste Knoblauchzehen
Salz
Pfeffer
1 TL Sumachpulver
1 dünnes arabisches Fladenbrot

Das Gemüse waschen und putzen. Blätter der Vogelmiere abzupfen oder den Feldsalat putzen.

Gurken, Tomaten, Paprika und Radieschen in Würfel schneiden.

Petersilie, Zwiebel, Pfefferminze und Kopfsalat fein schneiden und mit dem Gemüse in einer großen Schüssel vermischen.

Olivenöl, Zitronensaft, Essig, Knoblauch, Salz und Pfeffer zu einer Salatsauce anrühren.

Sumachpulver und die Salatsauce über den Salat geben und alles gut vermischen.

Das Fladenbrot rösten, in kleine Stücke brechen und unter den Salat heben.

Tipp: Das Brot kann im Backofen geröstet oder in Öl angebraten werden. Gut abkühlen lassen, bevor es unter den Salat gemischt wird.
Für den Salat können Sie Gemüse der Saison nach Belieben verwenden.

Grüner Salat
Salatit Khas

سلطة خس

Zubereitungszeit: 10 Minuten

1 Kopfsalat
100 g Zwiebeln
5 EL Olivenöl
1 – 2 EL Zitronensaft
Salz
Pfeffer

Den Kopfsalat putzen, waschen und fein schneiden.
Die Zwiebeln schälen, in feine Ringe schneiden und zum Kopfsalat geben.
Den Salat mit Olivenöl und Zitronensaft beträufeln, gut vermischen und mit
Salz und Pfeffer abschmecken.

Tipp: Das feine Schneiden von Blattsalat ist charakteristisch für die libanesische
Küche.
Der grüne Salat ist sehr empfindlich, daher darf das Öl erst kurz vor dem Servieren
dazugegeben werden.

Kartoffelsalat
Salatit Batata

سلطة بطاطا

Zubereitungszeit: 75 Minuten
davon 30 Minuten Ruhezeit

500 g fest kochende Kartoffeln
1 rote Zwiebel (50 g) oder 3 Frühlingszwiebeln
1 Bund glatte Petersilie
1 Hand voll frische Minze oder ½ TL getrocknete Minze
2 mittelgroße Tomaten
1 Paprikaschote
2 Knoblauchzehen
2 EL Zitronensaft
6 EL Olivenöl
Salz
Pfeffer

Die Kartoffeln waschen und mit der Schale etwa 30 Minuten gar kochen.
Währenddessen Zwiebeln, Kräuter und Gemüse putzen, waschen und fein
schneiden.
Die gekochten Kartoffeln etwas abkühlen lassen, schälen, würfeln und mit dem
Gemüse und den Kräutern vermischen.
Knoblauch schälen und durch eine Presse drücken. Aus Zitronensaft, Olivenöl,
Knoblauch, Salz und Pfeffer eine Salatsauce anrühren und über den Salat gießen.
Alles gut vermischen und mit Salz und Pfeffer abschmecken.
Den Salat etwa 30 Minuten durchziehen lassen.

Kohlsalat
Salatit Malfuf

سلطة ملفوف

Zubereitungszeit: 15 Minuten

400 g Weiß- oder Rotkohl
1 Bund glatte Petersilie
1 kleine rote Zwiebel
½ TL getrocknete Minze
2 EL Zitronensaft
5 EL Olivenöl
Pfeffer
Salz

Die Kohlblätter ablösen und den harten Strunk entfernen.
Kohl und Petersilie waschen und trockenschütteln, fein schneiden und in eine Schüssel geben.
Die Zwiebel schälen, fein hacken und mit Minze, Zitronensaft und Öl unter den Salat mischen.
Mit Pfeffer und Salz abschmecken.

Tipp: Statt der Zwiebel können auch 2 zerdrückte Knoblauchzehen verwendet werden. Dieser Salat passt besonders gut zu Reisgerichten.

Lauwarmer Löwenzahnsalat
Hindbi mtable

هندباء متبلة

Zubereitungszeit: 25 Minuten

500 g Löwenzahnblätter
Salz
1 Zwiebel
5 EL Olivenöl

Die Löwenzahnblätter putzen, waschen und abtropfen lassen. Die Blätter fein schneiden und in leicht gesalzenem Wasser 10 Minuten kochen lassen.
Währenddessen die Zwiebel schälen, fein schneiden und mit Olivenöl und etwas Salz in einer Schüssel ziehen lassen.
Den gekochten Löwenzahn über einem Sieb abtropfen lassen und noch heiß zu der Salatsauce in die Schüssel geben. Mit der Sauce mischen und mit Salz abschmecken.

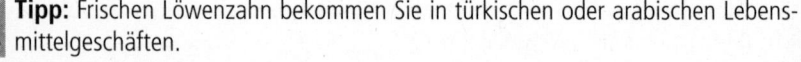 **Tipp:** Frischen Löwenzahn bekommen Sie in türkischen oder arabischen Lebensmittelgeschäften.

Löwenzahn-Tomaten-Salat
Salatit Hindbi

سلطة هندباء

Zubereitungszeit: 15 Minuten

300 g Löwenzahnblätter
200 g Fleischtomaten
1 rote Zwiebel
5 EL Olivenöl
2 EL Zitronensaft
Salz

Die Löwenzahnblätter putzen, waschen, trockenschütteln und fein schneiden. Die Tomaten waschen, von den Stielansätzen befreien und in kleine Würfel schneiden. Tomatenwürfel zum Löwenzahn geben.
Zwiebel schälen, fein schneiden, mit Olivenöl und Zitronensaft mischen und über den Salat gießen.
Salat vorsichtig vermischen und mit Salz abschmecken.

Tipp: Löwenzahn auf dem Feld zu sammeln, ist ein doppelter Genuss: Zum einen bekommen Sie gesundes Essen, das reich an Vitaminen ist, und zum anderen haben Sie gleichzeitig Bewegung an der frischen Luft.
Wenn es das Wetter erlaubt, nehmen die Menschen im Libanon Brot, eingelegte Oliven, Käse und Obst mit. An einer Wasserquelle waschen sie den frisch gesammelten Löwenzahn, anschließend setzen sie sich im Schatten eines Baumes zum Essen hin.

43

Mangold mit Tahinasauce
Silq betahina

سلق بطحينة

Zubereitungszeit: 25 Minuten

500 g Mangold
Salz
3 Knoblauchzehen
3 EL Tahina (Sesammus)
3 EL Wasser oder Mangoldbrühe
1 EL gehackte glatte Petersilie

Die Mangoldblätter von den Stielen abzupfen und für ein anderes Gericht verwenden (z. B. für gefüllte Mangoldblätter, Seite 61, oder die Mönchssuppe, Seite 22).

Die Mangoldstiele waschen und in kleine Stücke schneiden. Dann in Salzwasser 10 Minuten kochen, anschließend über einem Sieb abtropfen lassen (dabei etwas Kochwasser auffangen).

Den Knoblauch schälen und durch eine Presse drücken. Tahina mit Knoblauch, etwas Salz und dem aufgefangenen Wasser zu einer Sauce anrühren.

Die Sauce mit den Mangoldstielen und der Petersilie vermischen.

Falls die Sauce zu dickflüssig ist, mit etwas Wasser verdünnen. Mit Salz abschmecken.

Mangold-Zwiebel-Salat
Silq mtabbal

سلق متبل

Zubereitungszeit: 25 Minuten

1 kg Mangold
Salz
1 Zwiebel
5 EL Olivenöl

Die großen Mangoldblätter entfernen und für ein anderes Gericht verwenden.
Die Stiele und die kleinen Mangoldblätter waschen und in kleine Stücke schneiden. In leicht gesalzenem Wasser 10 Minuten kochen.
Die Zwiebel schälen, fein schneiden und mit dem Olivenöl und etwas Salz in einer tiefen Schale vermischen.
Die Mangoldstiele mit einer Schaumkelle aus dem Wasser nehmen und zur Salatsauce geben. Den Salat gut vermischen und mit Salz abschmecken.

Möhrensalat
Salatit Jasar

سلطة الجزر

Zubereitungszeit: 15 Minuten

500 g Möhren
1 Bund glatte Petersilie
1 Hand voll frische Minze oder ½ TL getrocknete Minze
1 – 2 EL Zitronensaft
5 EL Olivenöl
Salz

Die Möhren putzen, waschen, fein raspeln und in eine Schüssel geben.
Petersilie und Minze waschen und trockenschütteln, Kräuter fein schneiden
und zu den geraspelten Möhren geben.
Aus Zitronensaft, Olivenöl und Salz eine Salatsauce anrühren. Den Möhrensalat
mit der Sauce mischen.

Tipp: Wer Möhren lieber knabbern möchte, kann sie auch wie folgt zubereiten:
Möhren in dünne, längliche Scheiben schneiden, mit etwas Olivenöl und Zitronensaft
beträufeln, nach Belieben salzen.

Nudelsalat

سلطة المعكرونة

Salatit Ma´karona

Zubereitungszeit: 25 Minuten

300 g Hartweizen-Spiralnudeln
Salz
1 Bund frisches Basilikum oder 1 EL getrocknetes Basilikum
2 – 3 Knoblauchzehen
6 EL Olivenöl
Pfeffer

Die Nudeln nach Packungsanleitung in sprudelndem Salzwasser bissfest gar kochen. Nudeln über einem Sieb abgießen und in einer Schüssel abkühlen lassen.
Frisches Basilikum waschen, trockenschütteln und fein schneiden. Knoblauch schälen und durch eine Presse drücken.
Basilikum zu den Nudeln geben.
Knoblauch, Öl und Pfeffer vermischen und zu den Nudeln geben.
Den Nudelsalat mit Salz abschmecken und kalt servieren.

Rote-Bete-Salat
Salatit Schamandar

سلطة الشمندر

Zubereitungszeit: 45 Minuten

300 g Rote Bete
3 Frühlingszwiebeln oder 1 Zwiebel
5 EL Olivenöl
1 EL Zitronensaft
2 EL gehackte glatte Petersilie
Salz

Die Rote Bete putzen, jedoch nicht schälen und in Wasser etwa 30 Minuten gar kochen.

Anschließend die gekochte Rote Bete schälen und in dünne Scheiben schneiden.

Frühlingszwiebeln putzen, waschen und fein schneiden oder die Zwiebel schälen und in Ringe schneiden.

Olivenöl und Zitronensaft verrühren und mit der Roten Bete, den Zwiebeln und der Petersilie mischen.

Den Salat mit Salz abschmecken.

Rucolasalat
Salatit Arrukola

سلطة الروكا

Zubereitungszeit: 10 Minuten

200 g Rucola
100 g Zwiebeln
5 EL Olivenöl
1 – 2 EL Zitronensaft
Salz
Pfeffer

Rucola putzen, waschen und in grobe Stücke schneiden oder ganz lassen.
Die Zwiebeln schälen, in feine Ringe schneiden und zum Rucola geben.
Den Salat mit Öl und Zitronensaft beträufeln und gut vermischen.
Mit Salz und Pfeffer abschmecken.

49

Spinatsalat
Salatit Sabanech

سلطة سبانخ

Zubereitungszeit: 15 Minuten

300 g frischer Blattspinat
2 Bund glatte Petersilie
3 Frühlingszwiebeln oder 1 Zwiebel
2 – 3 EL Zitronensaft
1 TL Sumachpulver
½ TL getrocknete Minze
5 EL Olivenöl
Salz
Pfeffer

Spinat putzen, waschen und trockenschütteln, dann in breite Streifen schneiden und in eine Schüssel füllen.
Petersilie waschen, trockenschütteln und fein schneiden. Zwiebel schälen, fein schneiden und zusammen mit der Petersilie zum Spinat geben.
Aus Zitronensaft, Sumachpulver, Minze und Öl eine Sauce anrühren und zu dem Salat hinzufügen.
Spinatsalat mischen und mit Salz und Pfeffer abschmecken.

▍**Tipp:** Gehackte Walnüsse oder geröstete Mandeln darüberstreuen und genießen.

Tomaten-Petersilien-Burghul-Salat
Tabboule

تبولة

Zubereitungszeit: 20 Minuten

400 g Tomaten
4 Bund glatte Petersilie
1 Hand voll frische Minze oder ½ TL getrocknete Minze
1 kleine Zwiebel oder 3 Frühlingszwiebeln
2 EL feiner Burghul
3 EL Zitronensaft
1 Prise schwarzer Pfeffer
6 EL Olivenöl
Salz

Die Tomaten und Kräuter putzen, waschen und abtropfen lassen. Die Zwiebel schälen.
Den Burghul in eine Schüssel geben. Tomaten in kleine Würfel schneiden und mit dem Burghul mischen.
Petersilie, Minze und Zwiebel (oder die Frühlingszwiebeln) fein schneiden und hinzufügen.
Zitronensaft, Pfeffer und Olivenöl zu einer Sauce anrühren und mit dem Salat vermischen. Mit Salz abschmecken.

Tipp: In den Bergen des Libanon werden die Blätter des Römersalats, frisch gepflückte junge Weinblätter oder leicht gekochte Weißkohlblätter zum Löffeln des Tabboule verwendet.
Zu gebratenem oder gegrilltem Gemüse schmeckt dieser Salat hervorragend. Es gibt noch verschiedene andere Arten von Burghulsalaten, die auch Tabboule genannt werden, aber anders schmecken.

Tabboule mit Kichererbsen
Tabboule bihummus

تبولة مع حمص

Zubereitungszeit: 30 Minuten
+ Einweichzeit über Nacht

100 g Kichererbsen
5 EL feiner Burghul
100 g Tomaten
3 Bund glatte Petersilie
1 Hand voll frische Minze oder ½ TL getrocknete Minze
1 kleine Zwiebel oder 3 Frühlingszwiebeln
3 EL Zitronensaft
1 Prise schwarzer Pfeffer
6 EL Olivenöl
Salz

Die Kichererbsen über Nacht in Wasser einweichen lassen. Am nächsten Tag die Schalen abziehen, die Kichererbsen halbieren und in eine Schüssel geben. Burghul mit den Kichererbsen vermischen.

Das Gemüse putzen, waschen und abtropfen lassen.

Die Tomate in kleine Würfel schneiden und mit Burghul und Kichererbsen mischen.

Petersilie, Minze und Zwiebel (oder die Frühlingszwiebeln) fein schneiden und zum Salat geben.

Zitronensaft, Pfeffer und Olivenöl zu einer Sauce anrühren und über den Salat gießen. Alles gut vermischen und mit Salz abschmecken.

Tomaten-Gurken-Salat
Salatit Khyar wabanadura

سلطة خيار وبندورة

Zubereitungszeit: 15 Minuten

300 g Fleischtomaten
1 große Salatgurke oder 4 kleine Gurken
2 EL Zitronensaft
1 – 2 Knoblauchzehen oder 1 kleine Zwiebel
1 EL gehackte glatte Petersilie
4 EL Olivenöl
Salz
Pfeffer

Tomaten und Gurke waschen, abtropfen lassen, in mittelgroße Stücke schneiden und in eine Schüssel geben.
Aus Zitronensaft, geschältem und zerdrücktem Knoblauch (oder geschälter und gehackter Zwiebel), Petersilie, Olivenöl, Salz und Pfeffer eine Salatmarinade herstellen und über den Salat gießen.
Salat gut vermischen und abschmecken.

Tomatensalat
Salatit Banadura

سلطة بندورة

Zubereitungszeit: 15 Minuten

1 kleine rote Zwiebel
1 Bund Dill
2 EL Zitronensaft oder 1 EL Essig
5 EL Olivenöl
Salz
Pfeffer
3 große Fleischtomaten

Die Zwiebel schälen und fein hacken. Dill waschen, trockenschütteln und fein schneiden.

Zwiebel und Dill mit Zitronensaft und Olivenöl verrühren und mit Salz und Pfeffer abschmecken.

Die Tomaten waschen und abtropfen lassen. Die Stielansätze entfernen und die Tomaten in dünne Scheiben schneiden.

Anschließend die Tomatenscheiben auf einem flachen Teller anrichten und mit der Sauce beträufeln.

Tipp: Die Tomate darf bei keinem libanesischen Menü fehlen. Für Mezza schneidet man die Fleischtomaten länglich ein, sodass sie wie ein Fächer auseinander fallen. Sie werden in tiefen Tellern serviert und gerne mit Arak, einem Traubendestillat mit feinem Anisaroma, begossen.

Zwiebelsalat
Salatit Basal

سلطة بصل

Zubereitungszeit: 15 Minuten

400 g rote Zwiebeln
2 Bund glatte Petersilie
1 EL Sumachpulver
1 EL Zitronensaft
2 EL grob gehackte Walnüsse
5 EL Olivenöl
1 Messerspitze Pfeffer
Salz

Die Zwiebeln schälen und in dünne Ringe schneiden.
Die Petersilie waschen, abtropfen lassen, fein hacken und mit den restlichen Zutaten zu den Zwiebeln geben.
Den Salat gut vermischen und mit Pfeffer und Salz abschmecken.

Tipp: Dieser Salat passt gut zu gebratenen Kartoffeln, Zucchini, Auberginen und Falafel.
Die roten Zwiebeln sind nicht scharf und milder als weiße, deshalb werden sie gerne für Rohkost verwendet.

Vorspeisen

Die Vielfalt der libanesischen Küche zeigt sich vor allem bei der Mezza, wie die Vorspeisen genannt werden. Mit viel Liebe und Fantasie entstehen die köstlichsten Leckereien. Viele kleine, tiefe Teller sind dann nötig, um die Esstafel mit den zahlreichen unterschiedlichen Gerichten zu decken. Gefüllte Teigtaschen, gebratenes, püriertes oder gefülltes Gemüse, Hommos und andere Köstlichkeiten mit Hülsenfrüchten, kleine Kartoffelgerichte und vor allem Tabboule werden beispielsweise serviert.

Eingelegte Oliven, geröstete Nüsse, Brot und eine Schüssel rohes, geschnittenes Gemüse (Gurken, Tomaten, Paprika, Möhren, Radieschen, Frühlingszwiebeln und Kopfsalat) gehören immer mit dazu.

Auberginen mit Tahina
Babaghanuj

بابا غنوج

*Zubereitungszeit: 50 Minuten
davon 40 Minuten Backzeit*

*2 große Auberginen (600 g)
2 – 4 Knoblauchzehen
Salz
6 EL Tahina (Sesammus)
4 EL Zitronensaft
2 EL gehackte glatte Petersilie*

Die Auberginen waschen, abtrocknen und mit einem Messer an verschiedenen Stellen einstechen.
Im Backofen bei 200 °C etwa 40 Minuten grillen, bis sich die Früchte weich anfühlen und gar sind.
Auberginen abkühlen lassen, schälen und in einer Schüssel pürieren.
Die Knoblauchzehen schälen, zerdrücken und mit Salz, Tahina und Zitronensaft zu den Auberginen geben und vermischen. Mit Salz abschmecken.
Alles auf einem flachen Teller anrichten und mit der Petersilie garniert servieren.

Gegrillte Auberginen
Batinjan Meschwe

باذنجان مشوي

Zubereitungszeit: 50 Minuten
davon 40 Minuten Backzeit

2 große Auberginen (600 g)
1 kleine, scharfe Chilischote
Salz
5 EL Olivenöl

Die Auberginen waschen, abtrocknen und mit einem Messer mehrere Male einstechen.
Im Backofen bei 200 °C etwa 40 Minuten grillen.
Auberginen abkühlen lassen, schälen und in einer Schüssel fein zerdrücken.
Die Chilischote waschen, entkernen und fein schneiden. Chili zu den Auberginen geben und gut vermischen. Mit Salz abschmecken.
Auf einem flachen Teller anrichten und das Öl darübergießen.

█ **Tipp:** Brot, Radieschen oder eingelegte Gurken dazu servieren.

Gebratene Auberginen
Batinjan meqli

باذنجان مقلي

Zubereitungszeit: 20 Minuten

2 große Auberginen (600 g)
Salz
Öl zum Braten

Die Auberginen waschen, abtrocknen und in runde ½ cm dicke Scheiben schneiden. Mit Salz bestreuen (oder erst direkt nach dem Frittieren salzen). Das Öl in einer Pfanne erhitzen. Die Auberginenscheiben im heißen Fett von beiden Seiten goldbraun anbraten.
Ob heiß oder kalt serviert – die Auberginenscheiben schmecken sehr lecker.

Tipp: Angebratene Zucchini, Auberginen oder Kartoffeln werden gerne als Vorspeise gereicht. Die drei Gemüsearten können auch zusammen zubereitet werden, dann sollten die Kartoffeln jedoch zuerst angebraten werden.

Gebratener Blumenkohl
Qarnabit meqli

قرنبيط مقلي

Zubereitungszeit: 25 Minuten

1 Blumenkohl (1,5 kg)
Salz
Öl zum Anbraten

Den Blumenkohl putzen, waschen und in Röschen teilen und anschließend in kochendem Salzwasser 4 – 5 Minuten blanchieren.
Das Gemüse in einem Sieb abtropfen und abkühlen lassen.
Öl in einer Pfanne erhitzen, den Blumenkohl von allen Seiten im heißen Öl anbraten. Auf Küchenpapier abtropfen lassen und mit Salz bestreuen.
Auf einem flachen Teller servieren.

Tipp: Der Blumenkohl kann auch roh angebraten werden.
Salat, Tahinadip (siehe Seite 32) und Brot passen dazu sehr gut.

Gefüllte Mangoldblätter
Mehschi Warqsilq

محشي ورق سلق

Zubereitungszeit: 60 Minuten

2 kg Mangold
2 Bund glatte Petersilie
2 große Tomaten
1 Zwiebel
150 g Reis
½ TL getrocknete Minze
40 g Pinienkerne
2 EL Zitronensaft
5 EL Olivenöl
Pfeffer
Salz
3 fest kochende Kartoffeln
500 ml Wasser
1 TL Öl

Mangold putzen, die Stiele vorsichtig entfernen und für ein anderes Gericht verwenden.
Die Mangoldblätter waschen, kurz in kochendem Wasser blanchieren, abtropfen lassen und zur Seite stellen.
Petersilie und Tomaten waschen und fein schneiden. Die Zwiebel schälen und fein hacken. Das Gemüse mit Reis, Minze, Pinienkernen, Zitronensaft und Öl vermischen. Mit Pfeffer und Salz würzen.
Die Kartoffeln schälen und in dicke Scheiben schneiden. Den Boden eines tiefen Topfes mit Öl einpinseln und die rohen Kartoffelscheiben darauf verteilen.
Mangoldblätter einzeln ausbreiten und in die Mitte jedes Blattes jeweils 1 TL Füllung geben. Die beiden Seiten nach innen schlagen, dann das Blatt vom Stiel her aufrollen.
Die Röllchen dicht nebeneinander auf die Kartoffeln legen. Einen kleinen Teller oder ein kleines Holzbrettchen auf die Röllchen legen, damit sie die Form behalten.
Mit Wasser und Öl bedecken. Bei mittlerer Hitze etwa 20 Minuten garen.

Gefüllte Weinblätter
Mihschi warqe nib

محشي ورق عنب

Zubereitungszeit: 90 Minuten
+ Einweichzeit für die Kichererbsen

200 g frische oder eingelegte Weinblätter
2 große Tomaten
2 Bund glatte Petersilie
1 Hand voll grüne Minze oder 1 TL getrocknete Minze
1 Zwiebel
100 g eingeweichte Kichererbsen
2 EL Zitronensaft
150 g Reis
Salz
Pfeffer
5 EL Olivenöl
3 Kartoffeln
50 ml Olivenöl für die Füllung
Knoblauch nach Belieben
etwa 500 ml Wasser
1 TL Öl
1 – 2 EL Zitronensaft nach Geschmack

Die Weinblätter waschen, in kochendem Wasser kurz blanchieren (oder eingelegte Weinblätter mit heißem Wasser abspülen) und abtropfen lassen.
Für die Füllung Tomaten, Petersilie und Minze waschen, abtropfen und fein schneiden. Die Zwiebel schälen und fein hacken.
Kichererbsen in der Küchenmaschine grob zerkleinern und zum Gemüse geben.
Zitronensaft, Reis, Salz, Pfeffer und Olivenöl zur Kichererbsenmischung geben und gut miteinander vermischen.
Die Kartoffeln schälen und in etwa 1 cm dicke Scheiben schneiden. Den Boden eines tiefen Topfes mit Olivenöl einpinseln und die rohen Kartoffelscheiben darauf verteilen (die Kartoffeln schützen die Weinblätter vor dem Anbrennen).

Die Weinblätter einzeln ausbreiten, in die Mitte jedes Blattes jeweils 1 TL Füllung geben. Die beiden Seiten nach innen schlagen, dann das Blatt vom Stiel her aufrollen.

Die Röllchen dicht nebeneinander auf die Kartoffeln legen. Knoblauchzehen schälen und nach Belieben dazwischen verteilen.

Einen kleinen Teller oder ein kleines Holzbrettchen auf die Röllchen legen, damit sie die Form bewahren.

Mit Wasser und dem Öl bedecken. Bei mittlerer Hitze etwa 45 Minuten garen. Nach Geschmack 5 Minuten vor dem Ende der Kochzeit noch Zitronensaft dazugeben.

Als Hauptspeise wird dieses Gericht kalt oder warm mit Kichererbsenmus oder Tomatensalat und Brot serviert.

Tipp: Für eine ganze Familie einen Topf voll gefüllter Weinblätter herzustellen, ist harte Arbeit. Im Libanon treffen sich dazu die Verwandten und Nachbarn, um sie gemeinsam zuzubereiten. Die Weinblätter werden schon am Vorabend gefüllt und am nächsten Tag gekocht.

In Deutschland bekommt man frische Weinblätter so gut wie gar nicht, daher muss man auf die in Salzwasser eingelegten Blätter zurückgreifen. Sie müssen nicht mehr blanchiert, sondern nur mit heißem Wasser abgespült werden. Mit Salz sparsam würzen!

Gekochte Bohnen
Foul mdammas

فول مدمس

Zubereitungszeit: 20 Minuten

2 Dosen Dicke Bohnen (Einfüllgewicht je 400 g)
200 g Tomaten
1 Bund glatte Petersilie
2 Knoblauchzehen
Salz
5 EL Olivenöl
1 kleine Zwiebel oder 3 Frühlingszwiebeln
2 EL gehackte frische Minze
1 Messerspitze gemahlener Kreuzkümmel
1 – 2 EL Zitronensaft

Dicke Bohnen mit der Flüssigkeit aus den Dosen in einen Topf geben und etwa 5 Minuten kochen lassen.
Die Tomaten und die Petersilie waschen und fein schneiden.
Die Knoblauchzehen schälen, in einer Schüssel zerdrücken, mit Salz und Olivenöl verrühren. Die Bohnen mit dem Sud dazugeben. Mit dem Rücken eines Löffels einen Teil der Bohnen zerdrücken.
Zwiebel schälen und fein schneiden, mit Tomaten, Petersilie und Minze zu den Bohnen geben.
Mit Salz, Kreuzkümmel und Zitronensaft abschmecken.

Dicke Bohnen (Saubohnen) benötigen Stunden, um zu garen, daher verwenden die meisten libanesischen Frauen Bohnen aus der Dose (ohne weitere Zusätze!). Der Libanon ist im Nahen Osten übrigens für seine Gemüsekonservenproduktion bekannt.

Grüne Dicke Bohnen
Hab Foul Akhdar mutabbal

حب الفول الاخضر المتبل

Zubereitungszeit: 40 Minuten

1 kg reife grüne Dicke Bohnen
Salz
3 – 4 Knoblauchzehen
100 ml Olivenöl

Die Bohnenkerne aus den Schalen pulen. Kerne waschen und in einem tiefen Topf mit Salzwasser etwa 20 Minuten gar kochen.
Die Knoblauchzehen schälen, pürieren und mit Salz und Olivenöl vermischen.
Die gegarten Dicken Bohnen mit der Knoblauchsauce vermischen, mit Salz abschmecken.
Das Gericht schmeckt heiß oder auch kalt.

In meiner Kindheit gab es Dicke Bohnen nur im Frühjahr. Zur gleichen Zeit wuchs in unserem Garten auch immer frischer Knoblauch. Meine Mutter hat die Knoblauchblätter fein geschnitten, mit Salz und Olivenöl vermischt und zu den gekochten Bohnen gegeben.

Dicke Bohnen mit Knoblauch
Foul mutabbal

الفول الاخضر المتبل

Zubereitungszeit: 45 Minuten

1 kg junge grüne Dicke Bohnen
Salz
4 – 5 Knoblauchzehen
150 ml Olivenöl
Salz

Jeweils die beiden Enden der Bohnenhülsen abzwicken und die Fäden abziehen.
Im kochenden Salzwasser etwa 15 Minuten kochen.
In der Zwischenzeit Knoblauchzehen schälen und pürieren, mit Olivenöl und
Salz verrühren.
Die Bohnen abtropfen lassen und zur Knoblauchsauce geben, gut vermischen.
Mit Salz abschmecken.

■ **Tipp:** Anstelle der Dicken Bohnen können auch grüne Bohnen verwendet werden.

Kichererbsenmus
Hommos

حمص بطحينة

Zubereitungszeit: 15 Minuten
ohne Einweich- und Kochzeiten für die Kichererbsen

500 g gekochte Kichererbsen
3 Knoblauchzehen
5 EL Tahina (Sesammus)
Salz
3 EL Zitronensaft
eventuell 2 EL kaltes Wasser
2 EL Olivenöl
2 EL gehackte glatte Petersilie

Die Kichererbsen abtropfen lassen und in der Küchenmaschine pürieren.
Knoblauch schälen und durch eine Presse drücken, mit Tahina und Salz zu den
Kichererbsen geben und gut verrühren.
Den Zitronensaft nach und nach unter ständigem Rühren dazugeben. Sollte die
Masse zu dickflüssig sein, etwas kaltes Wasser hinzufügen.
Das Hommos mit Salz abschmecken.
Auf einer flachen Platte anrichten, Olivenöl darübergießen und mit Petersilie
garnieren.

Kartoffeln im Backofen
Batata bel Furn

بطاطا بالفرن

Zubereitungszeit: 60 Minuten
davon 45 Minuten Backzeit

500 g fest kochende Kartoffeln
1 große Zwiebel (100 g)
1 EL Zitronensaft
200 ml Wasser
1 TL Thymian
Pfeffer
Salz
3 – 4 Knoblauchzehen
3 EL Olivenöl

Die Kartoffeln schälen, waschen und in dicke Stücke schneiden.
Zwiebel schälen und in Scheiben schneiden. Kartoffeln und Zwiebel mit
Zitronensaft, Wasser und den Gewürzen mischen und in eine Auflaufform füllen.
Kartoffeln im Backofen bei 180 °C etwa 45 Minuten backen. Etwa 5 Minuten
vor Ende der Backzeit die Knoblauchzehen schälen, durch eine Presse drücken,
mit dem Olivenöl verrühren und zu den Kartoffeln geben. Gut vermischen und
fertig backen.

Kartoffeln mit Koriander
Batata mdabble

بطاطا مدبلة بكزبرة

Zubereitungszeit: 25 Minuten

500 g fest kochende Kartoffeln
Öl zum Braten
1 Bund Korianderblätter
3 Knoblauchzehen
Salz
1 – 2 EL Zitronensaft

Kartoffeln schälen, waschen, abtrocknen und dann klein würfeln.
Das Öl in einer Pfanne erhitzen und die Kartoffeln darin goldbraun anbraten.
Kartoffeln aus dem Öl nehmen und auf Küchenpapier abtropfen lassen.
Korianderblätter waschen, trockenschütteln und grob schneiden.
Knoblauch schälen, zerdrücken und zusammen mit dem Koriandergrün im restlichen Öl 2 Minuten dünsten.
Die gebratenen Kartoffeln wieder in die Pfanne geben und alles noch einmal 2 Minuten schmoren lassen.
Mit Salz und Zitronensaft abschmecken.

Kartoffeltaschen
Fatayer bebatata

فطاير ببطاطا

*Zubereitungszeit: 70 Minuten
davon 20 Minuten Backzeit
und 30 Minuten Ruhezeit für den Teig*

Für 8 Stück

Für den Teig:
*200 g Weizenvollkornmehl
½ TL Trockenhefe
1 Prise Salz
150 ml warmes Wasser
1 TL Olivenöl
Öl zum Bestreichen*

Für die Füllung:
*250 g fest kochende Kartoffeln
2 reife Tomaten
1 Zwiebel (80 g)
Chilischote (Menge nach Geschmack), ersatzweise Chilipulver
2 EL Olivenöl
5 EL Wasser
Thymian
Salz
Pfeffer*

*Mehl für die Arbeitsfläche
1 EL Öl*

Mehl, Hefe, Salz, Wasser und Olivenöl miteinander vermischen und zu einem glatten Teig verkneten. Teigkugel mit dem Öl bestreichen und abgedeckt etwa 30 Minuten gehen lassen.
Für die Füllung Kartoffeln, Tomaten und Zwiebel schälen und klein würfeln. Chilischote entkernen, waschen und fein schneiden. Zwiebel im heißen Öl glasig dünsten, Kartoffeln und später Tomaten dazugeben und schmoren lassen. Die Hitze reduzieren. Wasser, etwas Thymian, Salz, Pfeffer und Chili dazugeben und die Gemüsefüllung etwa 5 Minuten köcheln lassen. Mit Salz abschmecken und noch 15 Minuten ziehen lassen.
Den Teig in acht kleine Kugeln teilen. Die Kugeln auf einer mit Mehl bestreuten Arbeitsplatte zu dünnen runden Fladen ausrollen. Jeweils 1 EL Füllung auf die Mitte eines Fladens setzen und die Ränder zusammenfalten, sodass dreieckige Taschen entstehen. Die Ränder fest zusammendrücken.
Die Kartoffeltaschen auf ein mit Backpapier ausgelegtes Backblech legen und mit etwas Öl bepinseln. Im Backofen bei 160 °C etwa 20 Minuten backen.
Kartoffeltaschen auf einem Kuchengitter auskühlen lassen.

Tipp: Teig und Füllung können Sie auch schon einen Tag vorher zubereiten und im Kühlschrank aufbewahren.

Spinattaschen
Fatayer besabanech

فطاير بسبانخ

Zubereitungszeit: 60 Minuten
davon 20 Minuten Backzeit
und 10 Minuten Ruhezeit für den Teig

Für 8 Stück

Für den Teig:
400 g Weizenvollkornmehl
2 TL Trockenhefe
1 Prise Zucker
1 TL Salz
220 ml warmes Wasser

Für die Füllung:
200 g frischer Blattspinat
3 Mangoldblätter
1 Bund glatte Petersilie
1 Bund Dill
1 kleine Zwiebel
3 EL Zitronensaft
5 EL Olivenöl
1 EL Sumachpulver
Salz
Pfeffer

4 EL Mehl zum Ausrollen
1 EL Olivenöl

Das Mehl mit den restlichen Zutaten für den Teig zu einem Teig verkneten. Den Teig mit einem Tuch bedecken und 10 Minuten gehen lassen. Anschließend den Teig noch einmal mit nassen Händen durchkneten.

Spinat, Mangold und Kräuter putzen, waschen und abtropfen lassen. Zwiebel schälen. Gemüse und Kräuter grob schneiden und mit Zitronensaft, Olivenöl und Gewürzen mischen, dann zur Seite stellen.

Den Teig in acht kleine Kugeln teilen. Die Kugeln auf einer mit Mehl bestreuten Arbeitsplatte zu dünnen runden Fladen ausrollen. Jeweils 1 EL Füllung auf die Mitte eines Fladens setzen und die Ränder zusammenfalten, sodass dreieckige Taschen entstehen. Die Ränder fest zusammendrücken.

Die Spinattaschen auf ein mit Backpapier ausgelegtes Backblech legen und mit etwas Olivenöl bepinseln. Im Backofen bei 160 °C etwa 20 Minuten backen.

Gebackene Spinattaschen aus dem Ofen nehmen, auf ein Kuchengitter legen, mit einem Küchentuch abdecken und abkühlen lassen.

Beilagen

Kartoffeln, gebratenes oder püriertes Gemüse, Reis und Spezialitäten aus Hülsenfrüchten wie Falafel oder vegetarische Kebbe passen als Beilagen zu allen Gerichten.
Frisches Brot ist ebenfalls unverzichtbar, es wird vom Frühstück bis zum Abendessen
serviert – probieren Sie doch einmal, Fladenbrot selbst zu backen. Es geht einfacher,
als Sie denken, und schmeckt unvergleichlich gut!

Okragemüse
Bamya

بامية يابسة

Zubereitungszeit: 45 Minuten
+ Einweichzeit über Nacht

200 g getrocknete Okraschoten
Öl zum Braten
1 kg reife Tomaten
300 g Zwiebeln
1 Knolle Knoblauch
5 EL Olivenöl
1 TL Zitronensaft
Salz
1 TL gemahlener Koriandersamen
Pfeffer

Okraschoten putzen, Schnur abstreifen, waschen und über Nacht in Wasser einweichen lassen.
Am nächsten Tag die Okraschoten in einem Sieb abtropfen lassen, in Öl anbraten und zur Seite stellen.
Tomaten kreuzförmig einschneiden, mit heißem Wasser überbrühen und 1 Minute ziehen lassen. Tomaten häuten und in große Würfel schneiden. Zwiebeln und Knoblauch schälen und in dünne Scheiben schneiden.
In einem Topf Zwiebeln und Knoblauch im Olivenöl glasig dünsten. Okra, Zitronensaft und etwas Salz dazugeben und mitdünsten. Nach 5 Minuten Tomatenwürfel, Koriander und Pfeffer hinzufügen und alles miteinander vermischen. Bei schwacher Hitze etwa 10 Minuten köcheln lassen.
Mit Salz abschmecken. Reis dazu servieren.

Tipp: Natürlich können Sie für dieses Gericht auch frische, grüne Okraschoten verwenden. Grüne Okra kann auch angebraten und anschließend eingefroren werden. Bei der Zubereitung darf der Zitronensaft nicht vergessen werden, sonst zieht das Gemüse schleimige Fäden.

Eingelegte weiße Rüben
Kabs Al-Lift

كبس اللفت

Zubereitungszeit: 45 Minuten

4 EL Meersalz
2 EL Roh-Rohrzucker
1 ¼ l Wasser
1 kg weiße Rüben
1 Stück Rote Bete

1 großes Glas (2 l) mit Deckel

Salz, Zucker und Wasser in einem Topf zum Kochen bringen, 3 Minuten kochen lassen und anschließend zum Abkühlen zur Seite stellen.
Weiße Rüben und Rote Bete waschen, putzen und mit der Schale in dünne Scheiben schneiden.
Die Scheiben abwechselnd in das Glas legen, dadurch bekommen die weißen Rüben eine dunkelrosa Farbe. Den Sud über die Rüben gießen.
Das Glas dicht verschließen und einen Monat dunkel und kühl stehen lassen.

Tipp: Die eingelegten Rüben passen zu allen gebratenen Gerichten, aber auch zu Eintöpfen mit Reis oder Burghul.

Früher haben die Christen im Libanon die Rüben mit Sauerteig eingelegt, aber der Teig durfte nur am Tag vor Epiphania (Jesu Taufe) hergestellt werden. In der Nacht auf Epiphania wurde der Teig dann in eine Tüte gelegt und an einen Baum gehängt. Am Epiphanisfesttag wurde der Teig von einer Frau und einem Mann zu Hause mit Wasser getauft, dabei wurden Kirchenlieder gesungen. Dann durfte er weiterverarbeitet werden.
Während des ganzen Jahres wurde dieser Teig als Triebmittel und zum Segen für die Teigwarengerichte verwendet.

Eingelegte grüne Oliven
Kabs Al-Zaytun

كبس زيتون الأخضر

Zubereitungszeit: 45 Minuten
+ 3 Tage zum Wässern

1 kg frische (grüne) Oliven
480 g Meersalz
1 ¼ l Wasser
2 EL Olivenöl

1 großes Glas (1,5 l) mit Deckel

Die Oliven waschen und mit einem flachen Stein oder einem harten Material
klopfen, sodass sie Risse bekommen, anschließend in eine Schüssel mit frischem
Wasser geben (sie müssen vollständig mit Wasser bedeckt sein).
Die Oliven drei Tage wässern, dabei das Wasser täglich wechseln, dann die
Oliven aus der Schüssel nehmen und in das Glas füllen. Meersalz und Wasser
zu einer Lake verrühren und über die Oliven gießen.
Das Olivenöl darübergeben und das Glas dicht verschließen. Einen Monat dunkel
und kühl stehen lassen.

Tipp: Weil die Oliven beim Klopfen spritzen, ist es am besten, sie auf einem Stück
Stoff in einer durchsichtigen Plastiktüte zu klopfen. Dabei unbedingt Handschuhe
tragen, sonst verfärben sich die Hände schwarz.
Ein Teller voll Oliven ist wie man sagt »der Chef jeder Tafel«. Daher findet man
Oliven auf jedem Esstisch, ob nun für die Familie oder für Gäste.

Grünkerntopf
Frieke

فريكة

Zubereitungszeit: 30 Minuten

3 EL Olivenöl
100 g Pinienkerne
250 g Grünkern, grob geschrotet
1 l Wasser
Salz
Pfeffer
Chilipulver

Das Olivenöl in einem Topf erhitzen und die Pinienkerne darin goldbraun an-braten. Kerne aus dem Fett nehmen und zum Abkühlen zur Seite stellen. Den Grünkern in den selben Topf zum restlichen Olivenöl geben und etwa 1 Minute anbraten.

Grünkern mit dem Wasser ablöschen, Salz, Pfeffer und Chilipulver hinzufügen und das Getreide zum Kochen bringen. Bei schwacher Hitze etwa 15 Minuten zugedeckt köcheln lassen, dabei ab und zu umrühren.

Grünkerntopf mit Salz abschmecken. Mit Pinienkernen bestreut servieren.

Gekochte Kartoffeln mit Öl
Batata masluqa

بطاطا مسلوقة بزيت

Zubereitungszeit: 30 Minuten

600 g mehlig kochende Kartoffeln
Salz
4 Frühlingszwiebeln oder 1 rote Zwiebel
5 EL Olivenöl

Die Kartoffeln schälen, würfeln und mit Wasser etwa 15 Minuten gar kochen.
Kartoffeln abgießen, dabei etwas Kochwasser auffangen.
Die Kartoffeln in einem tiefen Teller zerdrücken und mit etwas Kochwasser und
Salz verrühren, sodass sie eine cremige Konsistenz haben.
Die Frühlingszwiebeln putzen, waschen und in feine Ringe schneiden.
Den Kartoffelbrei auf einer flachen Schale anrichten, mit den Frühlingszwiebeln
bestreuen und mit Olivenöl beträufeln.

Grüne Bohnen mit Öl
Lubye bzait

لوبياء بزيت

Zubereitungszeit: 60 Minuten

1 kg grüne Bohnen
3 Zwiebeln (300 g)
100 ml Olivenöl
200 ml Wasser
Salz
Pfeffer

Die Bohnen waschen, putzen, die Enden der Schoten abzwicken und die Fäden abziehen.
Die Zwiebeln schälen, fein hacken und im Olivenöl goldbraun anbraten.
Bohnen zu den Zwiebeln geben und 1 Minute mitbraten lassen. Das Wasser dazugießen und mit etwas Salz würzen.
Das Gemüse bei mittlerer Hitze etwa 30 Minuten kochen lassen, gelegentlich umrühren.
Pfeffer nach Geschmack hinzufügen, Bohnen weitere 5 Minuten köcheln lassen und mit Salz abschmecken.

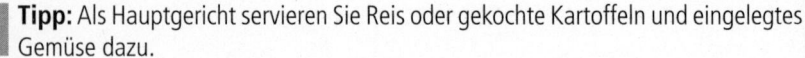 **Tipp:** Als Hauptgericht servieren Sie Reis oder gekochte Kartoffeln und eingelegtes Gemüse dazu.

Löwenzahn mit Knoblauch
Hindbi mutabbale bitum

هندباء متبلة بثوم

Zubereitungszeit: 30 Minuten

500 g Löwenzahnblätter
Salz
3 Knoblauchzehen
5 EL Olivenöl
50 g geschälte Mandeln
1 EL Öl

Die Löwenzahnblätter putzen, waschen, klein schneiden und in leicht gesalzenem Wasser 10 Minuten kochen.
Währenddessen den Knoblauch schälen, durch eine Presse drücken und mit Olivenöl und etwas Salz in einer Schüssel mischen.
Die Mandeln in Öl leicht anrösten.
Löwenzahn in einem Sieb abtropfen lassen, sofort in eine Schüssel geben und mit der Knoblauch-Olivenöl-Sauce vermischen. Mit Salz abschmecken.
Die Mandeln über den Löwenzahn streuen.

Tipp: Ganze Mandeln mit heißem Wasser überbrühen und 10 Minuten stehen lassen. Anschließend lassen sie sich ganz einfach aus der Schale drücken.

Malvengemüse
Khibbeyse

خبيزة مقلاية

Zubereitungszeit: 35 Minuten

2 Bund grüne Malvenblätter (1 kg)
200 g Zwiebeln
100 ml Olivenöl
Salz

Die Malvenblätter waschen, trockenschütteln und grob schneiden.
Die Zwiebeln schälen und grob hacken. Olivenöl in einem Topf erhitzen und
die Zwiebeln darin rösten.
Malvenblätter zu den Zwiebeln geben und mit etwas Salz würzen. Alles gut
vermischen und bei mittlerer Hitze etwa 10 Minuten dünsten.
Falls das Gemüse zu trocken ist, noch etwas heißes Wasser dazugeben. Mit Salz
abschmecken und warm oder kalt servieren.

Tipp: Malvenblätter sind in türkischen oder arabischen Läden erhältlich.

Petersilienpfannkuchen
Ijje

Zubereitungszeit: 40 Minuten

1 Bund glatte Petersilie
1 große Zwiebel
100 g Weizenvollkornmehl
200 ml Mineralwasser
1 Prise Pfeffer
1 Prise Paprikapulver
1 Prise getrocknete Minze
1 TL Salz
150 ml Öl zum Braten

Die Petersilie waschen, trockenschütteln und fein hacken. Zwiebel schälen und in feine Würfel schneiden.

Aus Mehl, Wasser, Petersilie, Zwiebeln und den Gewürzen einen dickflüssigen Teig anrühren.

Den Teig in kleinen Portionen mit einem Löffel ins heiße Öl geben und auf beiden Seiten braten.

Die Petersilienpfannkuchen schmecken warm oder auch kalt.

Reis mit Suppennudeln
Ruz besch'ireyye

رز بالشعيرية

Zubereitungszeit: 25 Minuten

3 EL Olivenöl
100 g feine Suppennudeln
250 g Reis
1 l Wasser
Salz
Pfeffer

Das Olivenöl in einem Topf erhitzen und die Nudeln darin goldbraun anbraten. Den Reis dazugeben, mit den Nudeln mischen und etwa 1 Minuten zusammen weiter anbraten.

Mit dem Wasser ablöschen, Salz und Pfeffer nach Bedarf hinzufügen und alles zum Kochen bringen.

Bei schwacher Hitze etwa 15 Minuten zugedeckt köcheln lassen, dabei hin und wieder umrühren. Zum Schluss mit Salz abschmecken.

Spinat mit Knoblauch
Sabanech ma Tum

سبانخ متبل بثوم

Zubereitungszeit: 20 Minuten

500 g frischer Blattspinat
Salz
4 Knoblauchzehen
5 EL Olivenöl

Blattspinat putzen, waschen, abtropfen lassen und grob schneiden. Den Spinat im kochendem Salzwasser 3 Minuten blanchieren.
Die Knoblauchzehen schälen, zerdrücken und mit etwas Salz und dem Olivenöl verrühren.
Den Spinat mit einem Schaumlöffel aus dem Topf nehmen, abtropfen lassen und zur Knoblauchsauce geben.
Alles gut miteinander mischen und noch warm servieren.

Weißkohltopf
Makmura

مكمورة

Zubereitungszeit: 40 Minuten

500 g Weißkohl
1 Zwiebel (50 g)
2 Knoblauchzehen
5 EL Olivenöl
5 EL Wasser
1 Prise gemahlener Kümmel
Salz
Pfeffer

Den Weißkohl putzen, waschen und nicht zu fein schneiden.
Zwiebel und Knoblauch schälen, fein schneiden und im heißen Olivenöl andünsten.
Weißkohl hinzufügen und untermischen. Wasser und Gewürze dazugeben und das Kraut etwa 15 Minuten köcheln, dabei ab und zu umrühren.
Mit Salz abschmecken.

■ **Tipp:** Sie können auch gekochte Kichererbsen unter das Kraut mischen.

Gemüsepfanne
Khudra mqellaye

خضرة مقلاية

Zubereitungszeit: 30 Minuten

1 mittelgroße Zwiebel
2 Knoblauchzehen
3 EL Olivenöl
3 Fleischtomaten
1 rote Paprikaschote
1 grüne Paprikaschote
100 g grüne Bohnen
1 kleine, scharfe Chilischote
1 mehlig kochende Kartoffel
Salz
Pfeffer

Die Zwiebel und Knoblauchzehen schälen und fein hacken, dann im heißen Olivenöl in einer großen Pfanne glasig dünsten.
Die Tomaten häuten, grob schneiden, zu den Zwiebeln geben und schmoren lassen.
Paprika und Bohnen putzen, waschen und in längliche Stücke schneiden. Chilischote entkernen und in Streifen schneiden. Die rohe Kartoffel schälen und raspeln. Das Gemüse nach und nach in die Pfanne geben, gut mischen und bei schwacher Hitze etwa 10 Minuten köcheln lassen. Ab und zu umrühren und mit Salz und Pfeffer abschmecken.

Kichererbsenbällchen
Falafel

فلافل

Zubereitungszeit: 90 Minuten
davon 60 Minuten Ruhezeit
+ Einweichzeit über Nacht

200 g Kichererbsen
1 Zwiebel
3 Knoblauchzehen
2 Bund glatte Petersilie
5 EL Mehl
1 Päckchen Backpulver
1 TL gemahlener Koriandersamen
½ TL Natron
½ TL Gewürzmischung aus Paprikapulver, Pfeffer und Kreuzkümmel
Salz
Öl zum Braten

Die Kichererbsen über Nacht in reichlich Wasser einweichen lassen.
Zwiebel und Knoblauch schälen, Petersilie waschen, abtropfen lassen und grob schneiden.
Die Zwiebel, den Knoblauch und die Petersilie mit den Kichererbsen in der Küchenmaschine pürieren.
Die Mischung zusammen mit Mehl, Backpulver und Gewürzen in eine Schüssel geben und mit der Hand durchkneten. Falls der Teig zu flüssig ist, noch 1 – 2 EL Mehl hinzufügen. Den Teig eine Stunde ruhen lassen.
Reichlich Öl in einer tiefen Pfanne erhitzen, aus dem Teig mit zwei Esslöffeln Kugeln formen und die Bällchen direkt ins Öl geben. Die Falafel etwa 2 Minuten goldbraun braten, mit einer Schaumkelle herausnehmen und auf Küchenpapier abtropfen lassen.
Auf einem flachen Teller anrichten.

Tipp: Servieren Sie die Kichererbsenbällchen heiß mit Tahinadip (siehe Seite 32), Salat und arabischem Fladenbrot.

Vegetarische Kebbe
Kebbe qataa

كبة قاطعة

Zubereitungszeit: 60 Minuten
davon 40 Minuten Backzeit
+ Einweichzeit über Nacht

150 g Kichererbsen
200 g feiner Burghul
200 ml Wasser
2 Bund glatte Petersilie
1 – 2 Zwiebeln (100 g)
200 g gekochte Kartoffeln
Salz
Pfeffer
Paprikapulver
150 g Mehl
½ TL getrocknete Minze
etwas Wasser
Fett für das Blech
Öl zum Beträufeln

Die Kichererbsen in reichlich Wasser über Nacht einweichen. Burghul mit dem Wasser ebenfalls über Nacht einweichen.
Die Petersilie waschen und trockenschütteln. Zwiebeln schälen und zusammen mit der Petersilie in der Küchemaschine fein hacken.
Zwiebel und Kräuter mit dem Burghul vermischen. Die Kichererbsen abtropfen lassen, in der Küchenmaschine grob hacken und zu der Burghulmischung geben.
Die gekochten Kartoffeln schälen, pürieren und mit Salz, Pfeffer und Paprika würzen. Pürierte Kartoffeln, Mehl und Minze zu der Kichererbsen-Burghul-Mischung geben.
Die Masse mit etwas Wasser zu einem festen Teig kneten. Den Teig auf einem eingefetteten Blech mit einem etwa 1 cm hohen Rand glatt streichen. Mit einem Messer in quadratische Stücke, dann mit wenig Öl beträufeln und im vorgeheizten Ofen bei 160 °C etwa 40 Minuten backen.

Tipp: Aus dem Teig lassen sich auch Bratlinge formen und im heißen Öl von beiden Seiten goldbraun braten.

Fladenbrot
Khubs

خبز

Zubereitungszeit: 100 Minuten
davon 60 Minuten Ruhezeit für den Teig
und 10 Minuten Backzeit

Für 8 Stück

400 g Weizenvollkornmehl
2 TL Trockenhefe
1 Prise Zucker
1 TL Salz
220 ml warmes Wasser
1 EL Olivenöl

4 EL Mehl zum Ausrollen

Das Mehl mit den restlichen Zutaten zu einem Teig verkneten.
Den Teig mit einem Tuch bedecken und 10 Minuten gehen lassen, anschließend noch einmal mit nassen Händen durchkneten.
Den Teig in acht Stücke teilen, zu Kugeln formen und mit wenig Mehl bestreuen. Nochmals etwa 45 Minuten an einem warmen Ort gehen lassen.
Etwas Mehl auf eine Arbeitsfläche streuen und die Kugeln nacheinander ausrollen (Durchmesser etwa 10 cm) und auf ein mit Backpapier ausgelegtes Backblech legen. Teig noch einmal 10 Minuten ruhen lassen.
Den Backofen auf 200 °C vorheizen. Brote so lange backen, bis sie Blasen bilden (etwa 3 – 5 Minuten), dann den Backofen auf 150 °C zurückschalten. Die Brote weitere 2 Minuten backen.
Fladenbrote in ein trockenes Tuch einschlagen und abkühlen lassen.

▎ **Tipp:** Das Brot schmeckt warm oder kalt zu den verschiedensten Gerichten.

Thymianplätzchen
Manqusch bsaater

منقوش بزعتر

Zubereitungszeit: 60 Minuten
davon 10 Minuten Ruhezeit für den Teig
und 20 Minuten Backzeit

Für 8 Stück

200 g Weizenvollkornmehl
1 TL Trockenhefe
1 Prise Zucker
½ TL Salz
110 ml warmes Wasser
1 TL Olivenöl

Für den Belag:
5 EL Zaater (Thymianmischung)
6 EL Olivenöl

Mehl zum Ausrollen

Das Mehl mit den restlichen Zutaten zu einem Teig verkneten.
Den Teig mit einem Tuch bedecken und 10 Minuten gehen lassen, anschließend noch einmal mit nassen Händen durchkneten.
Den Teig in acht Stücke teilen. Zaater und Olivenöl in einer Schale vermischen.
Die Teigstücke auf einer bemehlten Fläche dünn ausrollen (Durchmesser 10 – 12 cm) und auf ein mit Backpapier ausgelegtes Backblech legen.
Auf jedes Plätzchen 2 – 3 TL Zaater geben. Teigränder etwa 1 cm nach innen schlagen, damit die Füllung nicht verläuft.
Die Thymianplätzchen etwa 20 Minuten bei 150 °C im Backofen backen.

Tipp: Zaater ist eine Gewürzmischung aus Thymian, Oregano, Sumachpulver, Sesam und Salz. Sie wird in arabischen Lebensmittelgeschäften angeboten.
Wenn es schnell gehen soll, kann auch Fladenbrot erwärmt und mit der Thymianmischung und Olivenöl bestrichen werden.

Pfannkuchen
Zlebye

زلابیه

Zubereitungszeit: 35 Minuten
davon 15 Minuten Ruhezeit

Für 8 Stück

250 g Weizenvollkornmehl
125 ml warmes Wasser
1 Prise Salz
1 Prise Zucker
½ TL Trockenhefe
Öl zum Braten

Mehl, Wasser, Gewürze und Hefe zu einem glatten Teig anrühren und danach 15 Minuten ruhen lassen.
Das Öl in einer Pfanne erhitzen. Den Teig portionsweise mit einem großen Löffel in die Pfanne geben und die Pfannkuchen etwa 2 Minuten von beiden Seiten goldbraun braten.

Tipp: Die Pfannkuchen passen gut zu Salaten und Suppen.

Zucchinipuffer
Ijjet Kusa

عجة كوسى

*Zubereitungszeit: 45 Minuten
davon 30 Minuten Backzeit*

*1 Bund glatte Petersilie
1 Bund Dill
1 Zwiebel
3 Knoblauchzehen
500 g Zucchini
150 g Weizenvollkornmehl
Paprikapulver
Pfeffer
Salz
Fett für das Blech
Öl zum Beträufeln*

Petersilie und Dill waschen und trockenschütteln, Zwiebel und Knoblauch schälen.
Kräuter, Zwiebel und Knoblauch fein hacken.
Zucchini fein raspeln und mit den fein gehackten Zutaten und dem Mehl mischen. Mit Paprika, Pfeffer und Salz würzen.
Den Teig auf ein gefettetes Backblech streichen, mit Öl beträufeln und im vorgeheizten Backofen bei 180 °C etwa 30 Minuten backen.

Tipp: Für dieses Rezept lässt sich auch gut das ausgehöhlte Fruchtfleisch, das bei gefüllten Zucchini (siehe Rezept auf Seite 100) übrig bleibt, verwenden.
Sie können aus dem Teig auch Bratlinge formen (etwa 8 cm im Durchmesser und 1 cm dick) und in heißem Öl von beiden Seiten goldbraun braten.

Hauptgerichte

Im Libanon ist es üblich, vor Beginn des Essens zu sagen, welche Gerichte noch folgen werden. Denn auch wenn die Tafel noch so üppig mit Mezza gedeckt wird, soll doch jeder wissen, dass im Magen noch reichlich Platz für Hauptspeise und Nachtisch bleiben sollte! Gleichzeitig kann der Gaumen sich schon auf die köstlichen Speisen freuen. Zum zweiten Gang werden die unterschiedlichsten Gemüse-, Reis- oder Burghulgerichte immer warm serviert. Sollte wider Erwarten etwas übrig bleiben, können sie aber am nächsten Tag, leicht variiert, auch kalt angeboten werden.

Auberginen-Reis-Topf
Maqlubit Batinjan

مقلوبة باذنجان

Zubereitungszeit: 60 Minuten

200 g Reis
250 ml Wasser
Salz
400 g Auberginen
100 g Zwiebeln
3 Knoblauchzehen
Öl zum Braten
3 Kartoffeln
1 Prise Zimt
Pfeffer
Salz
edelsüßes Paprikapulver
½ l Wasser
50 g Pinienkerne
50 g ganze, geschälte Mandeln

Den Reis waschen. Wasser mit etwas Salz zum Kochen bringen. Reis dazugeben und bei schwacher Hitze etwa 10 Minuten kochen, anschließend beiseite stellen.
Auberginen waschen, abtrocknen und in etwa 1 cm dünne Scheiben schneiden.
Zwiebeln und Knoblauchzehen schälen und vierteln.
Öl in einer Pfanne erhitzen, Auberginen, Zwiebeln und Knoblauchzehen darin anbraten und auf Küchenpapier abtropfen lassen.
Die Kartoffeln waschen, in Scheiben schneiden und roh auf dem Boden eines tiefen Topfes verteilen. Auberginen-Zwiebel-Knoblauch-Mischung darüberschichten.
Reis mit den Gewürzen abschmecken und zuletzt in den Topf geben.
Das Wasser erhitzen und vorsichtig darübergießen. Den Gemüsetopf bei schwacher Hitze 30 Minuten köcheln lassen.
Pinienkerne und Mandeln in einer Pfanne ohne Fett rösten.
Den Auberginen-Reis-Topf auf eine große Platte stürzen und mit den gerösteten Pinienkernen und Mandeln bestreuen.

Burghul mit Dicken Bohnen
Burghul ma Foul

برغل مفلفل بفول

Zubereitungszeit: 30 Minuten

2 Zwiebeln (200 g)
100 ml Olivenöl
200 g grober Burghul
300 g Dicke Bohnen, frisch oder tiefgefroren
½ l Wasser
1 TL Salz
500 g reife Tomaten
1 EL Tomatenmark
½ TL gemahlener Kreuzkümmel
Pfeffer

Die Zwiebeln schälen und in dünne Scheiben schneiden. Das Olivenöl in einem Topf erhitzen und die Zwiebeln darin glasig dünsten.
Burghul zu den Zwiebeln geben und 1 Minute rösten. Die Dicken Bohnen dazugeben und gut durchmischen. Mit Wasser ablöschen und mit Salz würzen. Burghul zugedeckt bei mittlerer Hitze etwa 5 Minuten kochen lassen.
Die Tomaten mit einem Messer einritzen, mit heißem Wasser überbrühen und dann die Haut abziehen. Tomaten grob hacken und zu dem Burghul geben, Tomatenmark hinzufügen. Etwa 8 Minuten bei schwacher Hitze köcheln lassen. Mit Kreuzkümmel und Pfeffer abschmecken.

Burghul war früher eines der wichtigsten Grundnahrungsmittel im Libanon. Daher musste jede Familie im Herbst ihren Vorrat an Burghul für das ganze Jahr herstellen. Burgul herzustellen war sehr arbeitsaufwendig – zuerst auf dem Feld, wo die Männer den Weizen ernteten, dann zu Hause, wo Kinder und Frauen den Weizen verlesen mussten. Stellen Sie sich nur einmal vor: 100 kg Weizen Korn für Korn verlesen. Als Kinder waren wir nur unter einer Bedingung bereit, bei dieser Arbeit mitzuhelfen – wenn unsere Eltern dabei Märchen und Geschichten aus 1001 Nacht erzählten.

Burghul mit Kichererbsen
Burghul mufalfel

برغل مفلفل

Zubereitungszeit: 30 Minuten
ohne Einweich- und Kochzeiten für die Kichererbsen

200 g Zwiebeln
100 ml Olivenöl
200 g grober Burghul
1 l Wasser
200 g gekochte Kichererbsen
½ TL gemahlener Kreuzkümmel
Pfeffer
Salz
30 g Pinienkerne
eventuell etwas Öl

Die Zwiebeln schälen, in Scheiben schneiden und in einem Topf in Olivenöl glasig dünsten.
Den Burghul dazugeben und 1 Minute mit den Zwiebeln dünsten. Mit dem Wasser ablöschen und im geschlossenen Topf bei mittlerer Hitze etwa 8 Minuten kochen lassen.
Die gekochten Kichererbsen hinzufügen und mit den Gewürzen abschmecken, dann 10 Minuten ziehen lassen.
Die Pinienkerne in einer kleinen Pfanne mit etwas Öl oder trocken rösten.
Burghul mit Kichererbsen auf einer großen Platte anrichten und mit den Pinienkernen bestreuen.

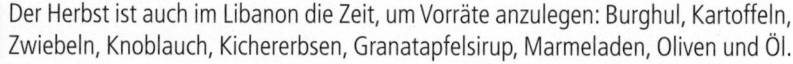 Der Herbst ist auch im Libanon die Zeit, um Vorräte anzulegen: Burghul, Kartoffeln, Zwiebeln, Knoblauch, Kichererbsen, Granatapfelsirup, Marmeladen, Oliven und Öl.

Fenchelgemüse mit Kichererbsen
Schumar bihummus

شمّرة بحمص

Zubereitungszeit: 30 Minuten
ohne Einweich- und Kochzeiten für die Kichererbsen

500 g grüner Fenchel
2 Zwiebeln (100 g)
100 ml Olivenöl
150 g gekochte Kichererbsen
Salz

Den Fenchel putzen, waschen und grob schneiden.
Die Zwiebeln schälen und fein hacken. Das Öl in einem Topf erhitzen und die Zwiebeln darin leicht anbraten.
Die Kichererbsen und den Fenchel zu den Zwiebeln geben und bei schwacher Hitze 10 Minuten köcheln lassen, dabei ab und zu umrühren.
Mit etwas Salz abschmecken.

Tipp: Für dieses Rezept werden die Blätter des Fenchels, nicht die Fenchelknolle verwendet. Das Gemüse, das im Aussehen dem Dill ähnelt, erhalten Sie in arabischen und türkischen Lebensmittelgeschäften.

Gefüllte Auberginen
Mehschi Batinjan

محشي باذنجان

Zubereitungszeit: 70 Minuten

12 kleine Auberginen
2 reife Tomaten
1 Bund glatte Petersilie
1 Zwiebel
50 g Pinienkerne
2 EL Zitronensaft
4 EL Öl
1 Prise Pfeffer
½ TL Salz
12 EL Milchreis
3 EL Tomatenmark
1 TL Salz
1 l Wasser

Die Auberginen mit der Handfläche mehrmals zusammendrücken, anschließend auf der schmalen Seite jeweils einen kleinen Deckel abschneiden und die Auberginen vorsichtig aushöhlen.

Die Tomaten waschen, Stielansätze entfernen und Tomaten in feine Würfel schneiden, Petersilie waschen, trockenschütteln und fein hacken. Die Zwiebel schälen und fein schneiden.

Tomaten, Petersilie, Zwiebeln, Pinienkerne, Zitronensaft, Öl und etwas Salz und Pfeffer mit dem rohen Milchreis mischen.

Die Auberginen mit der Reis-Gemüse-Mischung füllen, dabei etwa 2 cm zur Öffnung hin frei lassen.

Die gefüllten Auberginen mit der Öffnung nach oben in einen tiefen Topf stellen. Tomatenmark und Salz mit dem Wasser verrühren und hinzufügen. Die Auberginen sollten gut mit dem Wasser bedeckt sein. Die gefüllten Auberginen etwa 45 Minuten bei mittlerer Hitze gar kochen lassen.

Tipp: Die kleinen Auberginen, die in diesem Rezept verwendet werden, gibt es in arabischen und türkischen Lebensmittelgeschäften zu kaufen.
Das ausgehöhlte Fruchtfleisch kann, wenn es nicht zu viele Samen enthält, für Auberginenpuffer (Herstellung wie Zucchinipuffer, Seite 93) verwendet werden.

Gefüllte Zucchini
Mehschi Kusa

محشي كوسى

Zubereitungszeit: 60 Minuten
+ Einweichzeit über Nacht

100 g Kichererbsen
16 mittelgroße Zucchini (10 – 13 cm lang)
500 g reife Tomaten
2 Bund glatte Petersilie
1 Zwiebel (80 g)
16 EL Milchreis
3 EL Zitronensaft
1 Hand voll frische Minze oder 1 TL getrocknete Minze
Pfeffer
Salz
3 EL Olivenöl
Wasser nach Bedarf

Kichererbsen über Nacht einweichen.
Bei den Zucchini auf den schmalen Seiten jeweils einen kleinen Deckel abschneiden und die Zucchini mit einem Löffel aushöhlen. Das Fruchtfleisch beiseite stellen und für ein anderes Gericht verwenden (siehe Zucchinipuffer, Seite 93).
Kichererbsen abtropfen lassen und in der Küchenmaschine grob hacken.
Tomaten und Petersilie waschen, abtropfen lassen und fein schneiden. Die Zwiebel schälen und fein hacken.
Kichererbsen mit Tomaten, Petersilie, Zwiebel und dem ungekochten Reis mischen, mit Zitronensaft, Minze, Pfeffer und Salz würzen und das Öl unter die Masse mischen.
Die Reis-Gemüse-Mischung in die Zucchini füllen, dabei etwa 2 cm zur Öffnung hin frei lassen.
Zucchini mit der Öffnung nach oben in einen tiefen Topf stellen. Mit Wasser angießen, bis die Zucchini vollständig bedeckt sind. Dem Kochwasser 1 TL Salz hinzufügen und die Zucchini bei mittlerer Hitze etwa 30 Minuten gar kochen lassen.

Tipp: Für die Reisfüllung ist ägyptischer Milchreis ideal. Das Reiskorn ist klein und rund und wird schnell gar. Er wird in arabischen Lebensmittelgeschäften angeboten.

Gekochte Auberginen
Batinjan matbukh

مصقعة باذنجان

Zubereitungszeit: 40 Minuten

600 g Auberginen
Öl zum Braten
500 g reife Tomaten
2 große Zwiebeln (200 g)
1 Knolle Knoblauch
5 EL Olivenöl
Salz
2 EL Tomatenmark
5 EL heißes Wasser
1 Prise Paprikapulver
Pfeffer

Die Auberginen waschen und abtrocknen, Stielansätze entfernen in acht Teile schneiden. Öl in einer Pfanne erhitzen und das Gemüse darin von allen Seiten anbraten, anschließend auf Küchenpapier abtropfen lassen.
Tomaten kreuzförmig einschneiden, mit heißem Wasser überbrühen und 1 Minute ziehen lassen. Tomaten häuten, in kleine Würfel schneiden und zur Seite stellen.
Zwiebeln und Knoblauch schälen, in längliche Scheiben schneiden und in einem Topf im Olivenöl dünsten. Die gebratenen Auberginen dazugeben und mit Zwiebel und Knoblauch vermischen. Tomatenwürfel hinzufügen, mit Salz würzen und das Gemüse bei mittlerer Hitze noch etwa 5 Minuten kochen lassen.
Das Tomatenmark mit dem heißem Wasser verrühren und zum Gemüse geben.
Mit Paprika und Pfeffer würzen und bei schwacher Hitze etwa 10 Minuten zugedeckt köcheln lassen. Mit Salz abschmecken.

▋ **Tipp:** Warm oder kalt zu Reis und Salat servieren.

101

Gefüllter Kartoffelauflauf
Kebbit Batata mehschiye

كبة بطاطا محشية

*Zubereitungszeit: 80 Minuten
davon 40 Minuten Backzeit*

*400 g Kartoffeln
125 g Burghul
5 EL Wasser zum Einweichen
Salz
schwarzer Pfeffer
70 g Weizenvollkornmehl
Fett für die Form
Pinienkerne zum Dekorieren
5 EL Olivenöl*

Für die Füllung:
*3 Zwiebeln (250 g)
3 EL Öl
50 g Pinienkerne
100 g frischer Blattspinat
2 Bund glatte Petersilie
2 EL Sumachpulver
Salz
1 Prise Zimt
schwarzer Pfeffer*

Die Kartoffeln schälen, waschen und in große Würfel schneiden. Kartoffeln mit Wasser aufsetzen und etwa 20 Minuten gar kochen.

Den Burguhl in einer Schüssel mit dem Wasser einweichen.

Während der Koch- und Einweichzeit die Füllung vorbereiten:

Die Zwiebeln schälen und hacken. Das Öl in einer Pfanne erhitzen und die Pinienkerne darin kurz anbraten, mit dem Schaumlöffel herausnehmen und zur Seite stellen. Die gehackten Zwiebeln im restlichen Öl glasig dünsten.

Spinat und Petersilie waschen, trockenschütteln, grob schneiden und mit den Zwiebeln vermischen. Mit Sumachpulver und den restlichen Gewürzen nach Belieben abschmecken.

Nun die Kartoffeln abgießen, pürieren und zum Burghul geben. Salz, Pfeffer und Mehl dazugeben, alle Zutaten miteinander vermischen und zu einem Teig verarbeiten. Falls notwendig, etwas kaltes Wasser oder etwas Mehl hinzufügen, bis sich der Teig leicht formen lässt.

Eine Auflaufform einfetten. Fast die Hälfte des Teiges auf dem Boden der Form verteilen und mit nassen Händen glatt streichen.

Die gerösteten Pinienkerne mit der Füllung vermischen, die Gemüsemischung gleichmäßig auf dem Teig verteilen.

Den Rest der Burghul-Kartoffel-Mischung in kleinen Häufchen auf die Füllung setzen. Den Auflauf mit einem Messer tief in rautenförmige Stücke schneiden, dann den Rand umfahren.

In die Mitte jedes Stückes einen Pinienkern stecken. Das Öl darübergießen. Im vorgeheizten Backofen bei 180 °C 40 Minuten backen.

Gemischter Hülsenfrüchtetopf
Makhluta

مخلوطة

Zubereitungszeit: 60 Minuten
+ Einweichzeit über Nacht

50 g Kichererbsen
50 g rote oder weiße Bohnen
50 g Linsen
50 g Weizen
100 g Reis
50 g grober Burghul
½ l warmes Wasser
200 g Zwiebeln
100 ml Öl
½ TL gemahlener Kreuzkümmel
Salz

Kichererbsen, Bohnen, Linsen und den Weizen über Nacht in Wasser einweichen lassen.

Die Hülsenfrüchte und den Weizen am nächsten Tag abgießen und in reichlich frischem Wasser in einem Schnellkochtopf etwa 40 Minuten gar kochen.

Wenn die Hülsenfrüchte gar sind, Reis und Burghul hinzufügen, mit dem warmen Wasser auffüllen und den Eintopf 10 Minuten weiterköcheln lassen.

Die Zwiebeln schälen und fein hacken. Das Öl in einer Pfanne erhitzen und die Zwiebeln darin goldbraun rösten. Die Zwiebeln mit dem Öl zu den Hülsenfrüchten und dem Getreide geben, den Eintopf mit Kreuzkümmel und Salz abschmecken und bei schwacher Hitze nochmals 10 Minuten köcheln lassen.

Gemüse-Reis-Topf
Maqlubit Khodra

مقلوبة خضرة

Zubereitungszeit: 60 Minuten

200 g Reis
400 ml Wasser
200 g Auberginen
150 g Zucchini
300 g Möhren
1 kleines Stück Blumenkohl
Öl zum Braten
1 kleine Zwiebel
3 Kartoffeln
je eine Prise Zimt, Pfeffer und edelsüßes Paprikapulver
Salz
etwas heißes Wasser
50 g Pinienkerne
50 g geschälte Mandeln

Den Reis waschen. 200 ml Wasser zum Kochen bringen, Reis dazugeben und bei schwacher Hitze etwa 10 Minuten kochen.

Das Gemüse putzen, waschen, abtrocknen und in etwa 1 cm dünne Scheiben schneiden. Öl in einer Pfanne erhitzen und das Gemüse darin anbraten, anschließend auf Küchenpapier abtropfen lassen.

Die Zwiebel schälen und fein schneiden, in wenig Öl andünsten und zu dem Reis hinzufügen. Die restlichen 200 ml Wasser zum Reis geben, weitere 10 Minuten kochen und zur Seite stellen.

Kartoffeln waschen, in Scheiben schneiden und roh (als Schutz vor dem Anbrennen) auf den Boden eines tiefen Topfes legen. Das gebratene Gemüse auf die Kartoffelscheiben schichten. Den Reis mit Zimt, Pfeffer und Paprika würzen, mit Salz abschmecken und als letzte Schicht in den Topf geben.

Etwas heißes Wasser vorsichtig darübergießen. Den Gemüsetopf bei schwacher Hitze etwa 20 Minuten köcheln lassen. In der Zwischenzeit Pinienkerne und Mandeln getrennt in einer Pfanne ohne Fett rösten.

Gemüse-Reis-Topf auf eine große Platte stürzen und mit gerösteten Pinienkernen und Mandeln bestreuen.

Geröstete Kartoffeln
Batata mdabble

بطاطا مدبلة

Zubereitungszeit: 30 Minuten

500 g fest kochende Kartoffeln
2 mittelgroße Zwiebeln (100 g)
100 ml Öl zum Braten
Salz
200 ml Wasser
200 g reife Tomaten
1 EL Tomatenmark
Pfeffer
eventuell etwas heißes Wasser

Die Kartoffeln schälen, waschen und in kleine Würfel schneiden. Zwiebeln schälen und klein hacken, im heißen Öl in einem Topf goldbraun anbraten. Kartoffeln und Salz zu den Zwiebeln geben und etwa 1 Minute mit anbraten. Das Wasser dazugießen und die Kartoffeln zum Kochen bringen. Bei mittlerer Temperatur etwa 15 Minuten köcheln lassen, hin und wieder umrühren. Tomaten kreuzförmig einschneiden, mit heißem Wasser überbrühen und 1 Minute ziehen lassen. Tomaten häuten, in große Würfel schneiden und mit dem Tomatenmark und etwas Pfeffer zu den Kartoffeln geben. Bei Bedarf noch etwas heißes Wasser dazugießen. Bei schwacher Hitze noch etwa 5 Minuten köcheln lassen.

Linsen-Reis-Teller
Mdardra bayda

مدردرة بيضاء

Zubereitungszeit: 25 Minuten

1 mittelgroße Zwiebel
4 EL Olivenöl
150 g Reis
250 g geschälte Linsen
1 l Wasser
Salz
eventuell ¼ TL gemahlener Kreuzkümmel

Die Zwiebel schälen und fein hacken. Öl in einem Topf erhitzen und die Zwiebel darin goldgelb anbraten.
Den Reis und die Linsen waschen und zur Zwiebel geben. Mit dem Wasser aufgießen und Reis und Linsen zum Kochen bringen. Bei schwacher Hitze etwa 15 Minuten kochen, dabei ab und zu umrühren. Bei Bedarf noch etwas warmes Wasser hinzufügen.
Mit Salz und Kreuzkümmel abschmecken.
Warm oder kalt auf einem flachen Teller anrichten und einen Salat dazu servieren.

Kartoffel-Bohnen-Gemüse
Lubie ma Batata

لوبياء متبلة مع بطاطا

Zubereitungszeit: 30 Minuten

500 g grüne Bohnen
Salz
400 g Kartoffeln
3 Knoblauchzehen
6 EL Olivenöl

Die Bohnen putzen, dazu jeweils die Enden der Schoten abzwicken und die Fäden abziehen. Bohnen waschen, mit Salzwasser aufsetzen und etwa 15 Minuten gar kochen.
Die Kartoffeln schälen, in Scheiben schneiden und in wenig Wasser etwa 15 Minuten garen.
Die Knoblauchzehen schälen, pürieren und mit etwas Salz und dem Öl in einer großen Schüssel verrühren.
Die Bohnen mit einer Schaumkelle aus dem Topf nehmen und zur Knoblauchsauce geben.
Die Kartoffeln abgießen und ebenfalls daruntermischen.
Mit Salz abschmecken.

Bohnen-Tomaten-Topf
Lubie matbukha

لوبياء مطبوخة

Zubereitungszeit: 40 Minuten

1 kg grüne Bohnen
300 g Zwiebeln
5 Knoblauchzehen
100 ml Olivenöl
200 ml heißes Wasser
Salz
500 g reife Tomaten
1 EL Tomatenmark
Pfeffer

Bohnen putzen, dazu jeweils die Enden der Schoten abzwicken und die Fäden abziehen, anschließend waschen.
Die Zwiebeln und den Knoblauch schälen und fein hacken. Öl in einem Topf erhitzen und Zwiebel und Knoblauch darin unter ständigem Wenden goldbraun rösten.
Die Bohnen in den Topf geben und 1 Minute mitdünsten. Heißes Wasser dazugeben, mit Salz würzen und 10 Minuten kochen lassen.
Die Tomaten häuten und grob schneiden und mit Tomatenmark und Pfeffer zu den Bohnen hinzufügen. Bei mittlerer Hitze etwa 15 Minuten köcheln lassen.
Falls die Sauce zu dickflüssig ist, mit etwas heißem Wasser aufgießen.
Zum Bohnen-Tomaten-Topf passt Reis ausgezeichnet.

Frische Dicke Bohnen
Foul matbukha

فول اخضر مطبوخ

Zubereitungszeit: 40 Minuten

1 kg frische Dicke Bohnen
200 g Zwiebeln
100 ml Olivenöl
100 ml Wasser
Salz

Die Bohnen putzen, dazu jeweils die Enden der Schoten abzwicken und die Fäden abziehen, anschließend waschen.
Zwiebeln schälen und fein hacken. Olivenöl in einem Topf erhitzen, Zwiebeln darin goldbraun rösten.
Bohnen in den Topf zu den Zwiebeln geben, 1 Minuten mitdünsten, dann Wasser und Salz dazugeben. Das Gemüse bei mittlerer Hitze etwa 20 Minuten garen, dabei gelegentlich umrühren. Mit Salz abschmecken.
Gekochte Kartoffeln oder Reis schmecken zu diesem Gericht besonders gut.

Hausgemachte Nudeln mit Linsen
Ruschta

رشتة

Zubereitungszeit: 60 Minuten

Für den Teig:
150 g Weizenmehl
60 ml Wasser
1 Prise Salz
Öl zum Bepinseln

Für das Linsengemüse:
200 g braune Linsen
2½ l Wasser
1 große Zwiebel
5 EL Olivenöl
1 Bund Korianderblätter
4 Knoblauchzehen
etwas Mehl
¼ TL gemahlener Kreuzkümmel
Salz

Mehl, Wasser und Salz zu einem Teig verarbeiten. Den Teig mit etwas Öl bepinseln und ruhen lassen.

In der Zwischenzeit Linsen mit dem Wasser zum Kochen bringen und etwa 20 Minuten kochen. Die Zwiebel schälen und in dünne Scheiben schneiden. Öl in einer Pfanne erhitzen und die Zwiebel darin glasig dünsten. 2 EL Zwiebeln zu den Linsen geben, den Rest goldbraun anrösten.

Zwiebelringe mit einem Schaumlöffel herausnehmen und zur Seite stellen. Im verbliebenen Öl die gehackten Korianderblätter und den geschälten und durch eine Presse gedrückten Knoblauch kurz andünsten und ebenfalls beiseite stellen.

Den Teig auf einer bemehlten Fläche dünn ausrollen und in schmale Nudelstreifen schneiden. Diese zu den Linsen geben und etwa 15 Minuten mitkochen lassen.

Gewürze, Zwiebeln, Knoblauch und Koriander hinzufügen und nochmals bei schwacher Hitze etwa 5 Minuten köcheln lassen.

Tipp: Statt der selbst gemachten Nudeln können auch fertige Hartweizennudeln verwendet werden.

111

Kartoffel-Linsen-Topf
Batata be Adas

بطاطا بعدس

Zubereitungszeit: 45 Minuten

150 g braune Linsen
600 ml Wasser
500 g fest kochende Kartoffeln
400 g Zwiebeln
5 EL Öl
Salz
2 EL Granatapfelsirup
Pfeffer

Die Linsen waschen und im Wasser etwa 15 Minuten kochen.
Kartoffeln schälen, waschen und in große Würfel schneiden. Die Zwiebeln
schälen und in Scheiben schneiden.
Das Öl in einer Pfanne erhitzen, die Kartoffeln darin anbraten, mit dem Schaum-
löffel herausnehmen und anschließend zur Seite stellen. Die Zwiebeln im
verbliebenen Öl andünsten, die Kartoffeln wieder dazugeben. Mit ½ TL Salz
würzen und 1 Minute braten.
Die Linsen in ein Sieb abgießen, Kochwasser dabei auffangen. Die gekochten
Linsen zu den Kartoffeln geben und weiterköcheln lassen. Nach 2 Minuten mit
etwa 300 ml Linsenkochwasser aufgießen und etwa 10 Minuten kochen lassen.
Mit Granatapfelsirup, Pfeffer und Salz würzen und nochmals bei schwacher
Hitze 5 Minuten köcheln lassen.

Angemachte Kartoffeln
Kibbet Batata

كبة بطاطا

Zubereitungszeit: 45 Minuten

500 g Kartoffeln
70 g feiner Burghul
5 EL Wasser
1 Bund glatte Petersilie
3 Frühlingszwiebeln oder 1 kleine Zwiebel
Salz
Pfeffer
Olivenöl
1 EL gehackte frische Minze oder ¼ TL getrocknete Minze

Die Kartoffeln waschen, mit Wasser in einem Topf aufsetzen und etwa 30 Minuten gar kochen. Währenddessen den Burghul im Wasser einweichen lassen. Die Kartoffeln abgießen und schälen. Kartoffeln mit dem Pürierstab oder dem Mixer pürieren und zum Burghul geben.

Petersilie waschen und trockenschütteln, Frühlingszwiebeln putzen und beides fein geschnitten zum Kartoffelpüree geben. Mit der Hand durchkneten und mit Salz und Pfeffer abschmecken.

Die angemachten Kartoffeln in einer flachen Schale anrichten, mit Olivenöl beträufeln und mit der Minze garnieren.

Salat passt dazu sehr gut.

Linsen mit Reis
Mdardrit Ruz

مدردرة

Zubereitungszeit: 30 Minuten

200 g braune Linsen
200 g Reis
1 l Wasser
300 g Zwiebeln
100 ml Olivenöl
Salz

Linsen verlesen, mit dem Reis im Wasser aufsetzen und etwa 15 Minuten garen.
Zwiebeln schälen und in dünne Scheiben schneiden. Das Öl in einer Pfanne
erhitzen und die Zwiebeln darin hellbraun anbraten.
Die gebratenen Zwiebeln mit einem Schaumlöffel aus der Pfanne nehmen und
auf einem Teller zur Seite stellen.
Das verbliebene heiße Öl zusammen mit etwas Salz zu der Reis-Linsen-Mischung
geben und bei schwacher Hitze weitere 5 Minuten köcheln lassen.
Linsen mit Reis auf einer flache Platte anrichten und die Zwiebeln darüber
verteilen.
Salat und eingelegte Gemüse dazu servieren.

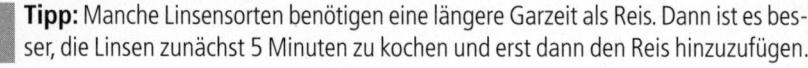 **Tipp:** Manche Linsensorten benötigen eine längere Garzeit als Reis. Dann ist es besser, die Linsen zunächst 5 Minuten zu kochen und erst dann den Reis hinzuzufügen.

Linsenteller
Harraq Usb'u

حرّاق اصبعه

Zubereitungszeit: 40 Minuten

200 g braune Linsen
700 ml Wasser
1 Bund Korianderblätter
5 Knoblauchzehen
400 g Zwiebeln
100 ml Olivenöl
½ TL gemahlener Kreuzkümmel
3 EL Granatapfelsirup
2 EL Zitronensaft
Salz
2 dünne arabische Fladenbrote

Linsen etwa 15 Minuten im Wasser nicht ganz gar kochen lassen. Korianderblätter waschen, trockenschütteln und fein schneiden. Knoblauch schälen und fein hacken. Die Zwiebeln schälen und anschließend in dünne, längliche Scheiben schneiden.

Öl in einer Pfanne erhitzen, Zwiebeln darin goldbraun rösten, mit einer Schaumkelle herausnehmen und beiseite stellen. Korianderblätter und Knoblauch unter ständigem Rühren im restlichen Öl etwa 2 Minuten dünsten.

Die Hälfte des Korianders und Knoblauchs und 2 EL der gebratenen Zwiebeln zu den Linsen geben. Die Gewürze, Granatapfelsirup und Zitronensaft hinzufügen, gut vermischen und zuletzt mit Salz abschmecken. Linsen bei sehr schwacher Hitze 20 Minuten köcheln lassen.

Währenddessen das Brot im Backofen rösten, in kleine Stücke brechen und auf einer flachen Schale anrichten. Die gekochten Linsen darübergeben. Mit den restlichen Zwiebeln und einigen Korianderblättern garnieren.

Nudeln mit Gemüse
Ma'karuna ma Khodra

معكرونة

Zubereitungszeit: 30 Minuten

500 g Hartweizennudeln (Bandnudeln)
½ TL Salz
100 g Zucchini oder 200 g Auberginen
120 g Möhren
1 mittelgroße Zwiebel
3 Knoblauchzehen
3 EL Olivenöl
500 g reife Tomaten
1 – 2 EL Tomatenmark
100 ml Wasser
Pfeffer
Salz
3 EL gehackte glatte Petersilie oder gehacktes Basilikum
2 EL Olivenöl

Die Nudeln in kochendes Salzwasser geben und nach Packungsanleitung etwa 10 Minuten kochen.

Zucchini oder Auberginen und Möhren waschen, putzen und in kleine Würfel schneiden.

Zwiebel und Knoblauch schälen, fein schneiden und in einer großen Pfanne im heißen Öl anbraten. Gemüsewürfel nach und nach hinzufügen.

Die Tomaten häuten, grob schneiden und unter das Gemüse mischen. Tomatenmark mit dem Wasser verdünnen und zum Gemüse geben, mit Pfeffer und Salz würzen. Noch etwa 5 Minuten köcheln lassen. Danach die Kräuter zu der Sauce geben.

Nudeln in ein Sieb geben und abtropfen lassen, mit Salz und dem Olivenöl mischen. Nach Belieben die Sauce getrennt oder mit den Nudeln vermischt servieren.

Grüne Okra mit Tomaten
Bamya Khadra

بامية خضرة

Zubereitungszeit: 30 Minuten

500 g grüne Okraschoten
etwa 100 ml Öl zum Bräten
1 kg reife Tomaten
300 g Zwiebeln
1 Knolle Knoblauch
5 EL Olivenöl
1 TL Zitronensaft
Salz
Pfeffer

Die Okraschoten putzen, dazu die Stiele entfernen, ohne dass die Kerne sichtbar werden. Das Gemüse waschen und abtropfen lassen.
Okra im Öl anbraten und zur Seite stellen.
Tomaten häuten und grob hacken. Zwiebeln schälen und in dünne Scheiben schneiden. Knoblauch schälen.
In einem Topf Zwiebeln und Knoblauchzehen im Olivenöl glasig dünsten. Okra, Zitronensaft und Salz dazugeben und mit den Zwiebeln vermischt weiterdünsten.
Nach 5 Minuten Tomaten hinzufügen und mit Pfeffer würzen.
Bei schwacher Hitze etwa 10 Minuten köcheln lassen, zuletzt mit Salz abschmecken.

■ **Tipp:** Servieren Sie die gebratenen Okraschoten mit dünnem Fladenbrot und Salat.

117

Reis mit Tomaten
Madfune

مدفونة رز

Zubereitungszeit: 30 Minuten

1 Zwiebel
5 EL Olivenöl
250 g Reis
300 ml Wasser
500 g reife Tomaten
Pfeffer
Salz

Die Zwiebel schälen und fein hacken. In einem Topf im heißen Olivenöl glasig dünsten.
Den Reis dazugeben, 1 Minute mitdünsten und dann mit dem Wasser aufgießen.
Währenddessen die Tomaten häuten und grob hacken. Tomatenwürfel, Pfeffer und Salz zum Reis geben und zum Kochen bringen.
Die Hitze reduzieren und den Reis etwa 10 Minuten köcheln lassen, dabei hin und wieder umrühren. Mit Salz abschmecken.

Tipp: Dieses Gericht schmeckt warm oder auch kalt.

Reis mit Gemüse
Khodra birruz

خضرة برز

Zubereitungszeit: 30 Minuten

1 kleine Zwiebel (40 g)
2 Knoblauchzehen
3 EL Öl
1 rote Paprikaschote
300 g Möhren
100 g grüne Erbsen (tiefgekühlt)
200 g Reis
350 ml heißes Wasser
Salz
50 g geschälte Mandeln
50 g Pinienkerne
Pfeffer

Zwiebel und Knoblauch schälen und fein hacken, in einem Topf im Öl glasig dünsten.
Paprika und Möhren waschen, putzen und in kleine Stücke schneiden. Mit den Erbsen zu den Zwiebeln geben.
Den Reis zum Gemüse geben und 1 Minute mitdünsten, dann mit dem heißen Wasser aufgießen und salzen. Bei schwacher Hitze etwa 10 Minuten köcheln lassen und dabei bisweilen umrühren. Bei Bedarf noch etwas Wasser hinzufügen.
Mandeln und Pinienkerne in einer Pfanne ohne Fett rösten.
Den Gemüsereis mit Salz und Pfeffer abschmecken.
Auf einer flachen, große Schale anrichten und die Nüsse darüberstreuen. Mit Salat servieren.

Tipp: Mandeln brauchen mehr Zeit zum Rösten als Pinienkerne, deshalb sollten sie besser getrennt geröstet werden.

Gefüllte Auberginen im Backofen
Scheikh Almehschi

شيخ المحشي

Zubereitungszeit: 50 Minuten
davon 20 Minuten Backzeit

500 g Auberginen
Öl zum Braten
1 Zwiebel
3 Knoblauchzehen
150 g Pilze
2 mittelgroße Möhren
1 kleine Stange Lauch
1 Kartoffel
5 EL Olivenöl
3 EL gehackte glatte Petersilie
1 TL Oregano
¼ TL getrockneter Korianderblätter oder gemahlene Koriandersamen
Paprikapulver
Pfeffer
Salz
1 kg reife Tomaten
3 EL Tomatenmark
300 ml heißes Wasser

Die Auberginen waschen, abtrocknen und längs halbieren.
Öl in einer Pfanne erhitzen und Auberginen von beiden Seiten anbraten, auf
Küchenpapier abtropfen lassen.
Zwiebel und Knoblauch schälen und fein würfeln. Pilze, Möhren, Lauch und
Kartoffel waschen, putzen und fein schneiden.
Das Gemüse mit Zwiebeln und Knoblauch im Olivenöl etwa 10 Minuten dünsten, mit Kräutern und Gewürzen pikant abschmecken.
In die Auberginenhälften mit einem Messer jeweils eine Mulde drücken, ohne
den Rand zu beschädigen und in eine große Auflaufform setzen. In jede Hälfte
2 – 3 EL der Gemüsefüllung geben.
Die Tomaten häuten, grob hacken und einen Teil der Tomatenstücke über der
Füllung verteilen.
Das Tomatenmark mit heißem Wasser verrühren, mit dem Rest der geschälten
Tomaten mischen und die Sauce zwischen die Auberginen gießen. Im vorgeheizten Backofen bei 160 °C etwa 20 Minuten überbacken.
Reis und Salat dazu servieren.

Spinat mit Burghul
Sabanech ma Burghul

سبانخ ببرغل

Zubereitungszeit: 25 Minuten
ohne Einweich- und Kochzeiten für die Kichererbsen

200 g grober Burghul
6 EL Wasser
500 g frischer Blattspinat
150 g frische Champignons oder 200 g gekochte Kichererbsen
100 g Zwiebeln
5 EL Olivenöl
eventuell etwas heißes Wasser
scharfes Paprikapulver
Salz

Den Burghul etwa 15 Minuten im Wasser einweichen.
Währenddessen den Spinat waschen, putzen und grob schneiden. Die Pilze putzen und in Scheiben schneiden. Die Zwiebeln schälen und fein hacken. Zwiebeln und Champignons in einem Topf im heißen Öl kurz anbraten. Burghul, die Kichererbsen (falls keine Pilze verwendet werden) und nach Bedarf etwas heißes Wasser dazugeben und bei schwacher Hitze etwa 5 Minuten köcheln lassen, dabei ab und zu umrühren.
Spinat hinzufügen, mit Paprika und Salz würzen und alles noch etwas köcheln. Mit Salz abschmecken.

Überbackenes Gemüse
Khodra bil Furn

صينية خضرة بالفرن

Zubereitungszeit: 40 Minuten
davon 15 Minuten Backzeit

100 g Zwiebeln
Knoblauch nach Belieben
1 große Aubergine (300 g)
1 großer Zucchino (200 g)
300 g Kartoffeln
100 g grüne Bohnen
100 ml Öl
Salz
250 ml Wasser
1 kg reife Tomaten
1 EL getrockneter Thymian
½ TL Pfeffer
½ TL Paprikapulver

Zwiebeln und Knoblauch schälen und in Scheiben schneiden. Das Gemüse waschen, putzen und in große Würfel schneiden.

Das Öl in einem tiefen Topf erhitzen, die Zwiebeln und den Knoblauch darin goldbraun anbraten. Gemüse nach und nach hinzufügen und mitbraten. 1 TL Salz und das Wasser dazugeben und das Gemüse bei mittlerer Hitze etwa 10 Minuten köcheln lassen.

Die Tomaten häuten, grob schneiden und ebenfalls in den Topf geben. Alles bei schwacher Hitze im geschlossenen Topf 5 Minuten köcheln lassen, hin und wieder umrühren. Zum Schluss mit Salz und Gewürzen abschmecken.

Den Inhalt des Topfes in eine Auflaufform füllen und bei 160 °C im vorgeheizten Backofen noch 15 Minuten überbacken. Mit Reis servieren.

Tipp: Je nach Saison können auch andere Gemüsearten verwendet werden, z. B. Blumenkohl, Fenchel, Kohlrabi, Paprika. Falls die Tomaten wenig Eigengeschmack haben, noch 1 – 2 EL Tomatenmark dazugeben.

123

Nachspeisen

Süße Leckereien sind im Libanon sehr beliebt, die Süßspeisen-Läden sind stets gut besucht und locken mit ihren vielfältigen Angeboten.

Eine süße Speise ist daher als glanzvoller Abschluss einer guten Mahlzeit ein »Muss«. Etwas Nachtisch sollte immer im Kühlschrank stehen. Wenn überraschend Gäste kommen, wird eben schnell noch etwas gezaubert.

Bestimmte Desserts, wie beispielsweise Mighli, werden im Libanon nur zu besonderen Festen und Gelegenheiten gegessen. Einige sind schnell zubereitet, andere etwas aufwendiger, dafür aber besonders köstlich – wählen Sie selbst!

Sirup
Qatr

قطر

Zubereitungszeit: 15 Minuten

500 g Roh-Rohrzucker
250 ml Wasser
½ TL Zitronensaft
2 TL Orangenblütenwasser

Den Roh-Rohrzucker in einem Topf mit dem Wasser vermischen, dabei nicht rühren, sondern den Topf so lange schwenken, bis sich der Zucker aufgelöst hat. Die Zuckerlösung zum Kochen bringen, Zitronensaft hinzufügen und bei schwacher Hitze etwa 5 Minuten kochen lassen. Zur Probe einige Tropfen Sirup auf einen kalten Teller geben. Wenn der Sirup fest wird, ist er fertig. Das Orangenblütenwasser zum Sirup geben und abkühlen lassen. Fertiger Sirup hat die Konsistenz von dünnem Honig. Den Sirup nicht umrühren, sonst kristallisiert er aus!

Tipp: Der Sirup wird meist kalt auf süßes, heißes Gebäck gegossen, er kann aber auch heiß für kaltes Gebäck verwendet werden.

Nuss-Blätterteig-Pastete
Baklawa

بقلاوة

Zubereitungszeit: 60 Minuten
davon 30 Minuten Backzeit

Für etwa 50 Stück

300 g Walnüsse
200 g Pistazienkerne
4 EL Zucker
3 EL Orangenblütenwasser
20 Blätter Filo-Teig (frisch oder tiefgekühlt)
6 EL Öl zum Bestreichen
200 g kalter Sirup

Walnüsse und Pistazienkerne in der Küchenmaschine grob hacken. Mit Zucker und Orangenblütenwasser gut vermischen.

Den Boden einer Backform (etwa 26 cm Duchmesser) mit Öl bestreichen. 10 Filo-Blätter mit Öl einpinseln und aufeinander in die Form legen. Die Nussmischung gleichmäßig darauf verteilen.

Die restlichen Filo-Blätter ausrollen und jeweils mit Öl bestrichen in mehreren Lagen auf die Nussmischung legen. Mit einem scharfen Messer die oberste Lage des Teigs tief in rautenförmige Stücke schneiden.

Das Gebäck im nicht vorgeheizten Backofen mit Ober- und Unterhitze bei 180 °C etwa 30 Minuten backen. Baklawa aus dem Ofen nehmen und den kalten Sirup sofort darübergießen.

Die Baklawa abkühlen lassen und dann in rautenförmige Stücke schneiden.

Gefüllte Datteln
Tamr mehschi

تمر محشي

Zubereitungszeit: 15 Minuten

Für 20 Stück

2 EL gehackte Pistazien
1 EL Orangenmarmelade
20 große Datteln
20 geschälte Mandeln

Die gehackten Pistazien mit der Orangenmarmelade vermischen.
Datteln entkernen und in jede etwas von der Orangen-Pistazien-Mischung geben.
Zur Dekoration eine Mandel daraufsetzen.
Statt Marmelade kann auch Marzipan als Füllung verwendet werden.

Tipp: Datteln sind sehr sättigend, vor einer Mahlzeit sollten sie nicht gegessen werden. Als kleiner, süßer Abschluss sind sie jedoch ideal.

Nusstaschen
Katayef

قطايف

Zubereitungszeit: 60 Minuten
davon 30 Minuten Ruhezeit für den Teig
und 15 Minuten Backzeit

Für 15 Stück

Für den Teig:
150 g Weizenvollkornmehl
1 TL Trockenhefe
½ TL Natron
1 Prise Salz
200 ml warmes Wasser
Öl zum Braten

Für die Füllung:
200 g Nüsse, z. B. Haselnüsse
4 EL Roh-Rohrzucker
2 EL Orangenblütenwasser
Öl oder Margarine zum Bepinseln
100 g Sirup

Für den Teig alle Zutaten zu einem flüssigen Teig verrühren und abgedeckt an einem warmen Ort etwa 30 Minuten gehen lassen.

Den Teig portionsweise in einer kleinen Pfanne zu dünnen Crêpes ausbacken – jedoch nur auf einer Seite, nicht wenden!

Die Nüsse hacken und mit Zucker und Orangenblütenwasser vermischen. Auf jeden Crêpe 2 TL Füllung geben. Zu einem Halbmond zusammenklappen, den Teigrand fest zusammendrücken und dann mit Öl oder Margarine einpinseln.

Die gefüllten Crêpes im vorgeheizten Backofen bei 150 °C auf der mittleren Schiene 15 Minuten überbacken.

Nach Geschmack kalten Sirup darübergießen und lauwarm oder kalt servieren.

■ **Tipp:** Die gefüllten Crêpes können auch in heißem Fett frittiert werden.

Zuckertaler
Manqusch be Sukker

منقوش بسكر

*Zubereitungszeit: 60 Minuten
davon 30 Minuten Ruhezeit für den Teig
und 15 Minuten Backzeit*

Für 10 Stück

*300 g Weizenvollkornmehl
1 TL Trockenhefe
1 Prise Roh-Rohrzucker
1 Prise Salz
1 EL Öl
250 ml warmes Wasser*

*3 EL Olivenöl
5 EL Roh-Rohrzucker*

Weizenmehl mit Hefe, Zucker, Salz, Öl und Wasser zu einem Teig vermischen, gut durchkneten und an einem warmen Ort so lange gehen lassen, bis sich das Volumen verdoppelt hat.

Den Teig in zehn kleine Kugeln teilen und 15 Minuten ruhen lassen. Dann jede Kugel mit der Hand zu flachen Talern von etwa 6 cm Durchmesser formen. Die Taler auf ein mit Backpapier ausgelegtes Backblech setzen, mit Öl einpinseln und jeweils mit etwa 1 TL Zucker bestreuen. Im vorgeheizten Backofen bei 180 °C auf mittlerer Schiene 15 Minuten backen.

Tipp: Dieses Rezept ist eine Abwandlung der sogenannten »Gefalteten Taler«. Beim Originalrezept wird der dünne Teig mehrmals gefaltet, die einzelnen Schichten werden mit Öl bestrichen und mit Zucker bestreut. Köstlich, aber sehr aufwendig!

Reis-Gewürz-Pudding مغلي
Mighli

Zubereitungszeit: 15 Minuten

Für etwa 12 Schälchen

300 g Reismehl
270 g Roh-Rohrzucker
2 l Wasser
1 ¼ EL Zimt
1 EL gemahlener Kümmel
Kokosraspel, Rosinen, Pinienkerne oder Nüsse zum Dekorieren

Reismehl und Zucker in einem Topf mit dem Wasser vermischen und mit Zimt und Kümmel würzen.
Unter ständigem Rühren bei mittlerer Hitze zum Kochen bringen und etwa 9 Minuten kochen, bis die Mischung dickflüssig wird. Sofort in Tassen oder kleine Schälchen einfüllen und abkühlen lassen.
Kalt servieren und mit Kokosraspeln, Rosinen oder Nüssen dekorieren.

»Gott möge ihn/sie am Leben erhalten« – mit diesem Satz bedankt sich der Gast bei diesem Nachtisch bei der Gastgeberin. Warum? Weil dieser Nachtisch den Gästen als Begrüßung nach der Geburt eines Kindes serviert wird. Auch an Weihnachten wird Mighli gerne als Süßigkeit serviert.

Reispudding
Mhalabiye

مهلبية

Zubereitungszeit: 10 Minuten

Für etwa 6 Schälchen

50 g Reismehl
100 g Roh-Rohrzucker
875 ml Wasser
1 EL Orangenblütenwasser
Pinienkerne, Mandeln und Rosinen
Zimt

Reismehl, Zucker, Wasser und Orangenblütenwasser in einem Topf vermischen. Unter ständigem Rühren zum Kochen bringen und bei mittlerer Hitze etwa 5 Minuten kochen.
Dessert in kleine Schälchen verteilen und abkühlen lassen (kalt aus dem Kühlschrank schmeckt es am besten).
Vor dem Verzehr mit Nüssen, Rosinen und Zimt nach Bedarf bestreuen.

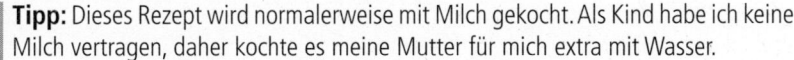
Tipp: Dieses Rezept wird normalerweise mit Milch gekocht. Als Kind habe ich keine Milch vertragen, daher kochte es meine Mutter für mich extra mit Wasser.

Süßer Grießauflauf
Namura

نمورة

Zubereitungszeit: 80 Minuten
davon 30 Minuten Ruhezeit für den Teig
und 40 Minuten Backzeit

Für 20 Stück

3 EL Tahina (Sesammus)
500 g Weizenvollkorngrieß
125 g Roh-Rohrzucker
1 TL Backpulver
4 EL Öl
150 ml Orangensaft
2 EL Sesam
10 geschälte und halbierte Mandeln
Sirup nach Belieben

Eine runde Backform (Durchmesser 25 cm) mit dem Tahina bestreichen und zur Seite stellen.

Weizengrieß und Zucker mit dem Backpulver mischen, Öl und Orangensaft dazugeben und alles zu einem Teig verarbeiten.

Den Teig an einem warmen Ort abgedeckt etwa 30 Minuten ruhen lassen. Den Teig in die Backform geben und glatt streichen. Die Sesamkerne darüberstreuen. Mit einem Messer in Stücke teilen und in die Mitte jedes Stücks eine halbe Mandel stecken.

Den Backofen auf 170 °C vorheizen und die Stücke etwa 40 Minuten backen. Anschließend den kalten Sirup gleichmäßig über dem Namura verteilen.

Obstsalat
Salatit Fawakih

سلطة فواكه

Zubereitungszeit: 15 Minuten

500 g Trauben
2 Bananen
1 Orange
5 Feigen, frisch oder getrocknet
1 Apfel
1 TL Zitronensaft
100 g Nüsse nach Belieben
2 EL Roh-Rohrzucker
2 EL Orangenblütenwasser oder Rosenwasser

Obst waschen und abtrocknen. Die Trauben von den Stielen abzupfen und in eine Schüssel geben.
Bananen und Orangen schälen und in Stücke schneiden. Die Feigen klein schneiden. Apfel mit Schale in Würfel schneiden und mit Zitronensaft beträufeln, damit er nicht braun wird.
Das Obst in der Schüssel mit Nüssen, Zucker und Orangenblütenwasser mischen.

Tipp: Der Obstsalat kann auch mit Eis serviert werden.

Quittenplätzchen
Mrabba Sfarjil

مربى السفرجل

Zubereitungszeit: 45 Minuten
+ Ruhezeit über Nacht

400 g Quitten
175 g Äpfel
250 g Roh-Rohrzucker
1 EL Wasser
½ TL Zitronensaft
runde Backoblaten
geschälte Mandeln

Die Quitten und die Äpfel waschen, halbieren, entkernen und würfeln. Über Nacht ohne Wasser stehen lassen, damit sie schön braun werden.
Obst mit Zucker, Wasser und Zitronensaft in einen Topf geben und etwa 30 Minuten bei mittlerer Temperatur gar kochen.
Obst mit dem Pürierstab pürieren und abkühlen lassen. Obstpüree auf Backoblaten setzen, in jedes Plätzchen eine Mandel stecken.
Quittenplätzchen im vorgeheizten Backofen bei 180 °C etwa 5 Minuten backen.

Traubensirup mit Tahina
Dibs ma Tahina

دبس بطحينة

Zubereitungszeit: 5 Minuten

8 EL Traubensirup
2 EL Tahina (Sesammus)

Sirup mit dem Tahina zu einer Creme vermischen.
Servieren Sie hierzu arabisches Fladenbrot.

Tipp: Dieses Rezept ist die Rettung, wenn überraschend Gäste zum Essen bleiben
und nicht genügend Nachtisch im Kühlschrank steht.
Im Libanon nahm man früher meist Johannisbrotsirup statt Traubensirup.
Traubensirup erhalten Sie in arabischen oder türkischen Lebensmittelläden.

Getränke

Im Libanon gibt es viele ausgefallene Getränkespezialitäten, die Sie unbedingt probieren sollten. Kalte, warme oder heiße Getränke stehen zur Wahl – je nach Bedarf und Tages- oder Jahreszeit.

Vor allem der arabische Kaffee ist ein vorzüglicher Genuss. Er wird süß oder bitter getrunken, Kardamom gibt ihm in jedem Fall ein besonderes, feines Aroma. Sehr verträglich ist der »weiße Kaffee«, lassen Sie sich überraschen!

Zimtstangentee
Aynahr

شراب الاينار

Zubereitungszeit: 20 Minuten

1 ½ l Wasser
3 Zimtstangen
Roh-Rohrzucker nach Belieben
60 g Walnusskerne

Wasser und Zimtstangen zum Kochen bringen und 15 Minuten bei schwacher Hitze zugedeckt köcheln lassen.
Nach Belieben Zucker hinzufügen und etwa 1 Minute weiterkochen.
Die Walnüsse grob hacken und in jede Tasse 2 EL Nüsse geben.
Mit dem Tee aufgießen und heiß servieren.

Arabischer Kaffee
Qahwa Arabya

القهوة العربية

Zubereitungszeit: 5 Minuten

400 ml Wasser
5 TL Kaffeepulver
1½ TL Zucker nach Belieben

Das Wasser in einem kleinen Gefäß mit Stiel zum Kochen bringen. Kaffeepulver und nach Belieben Zucker hinzufügen und unter Rühren dreimal aufkochen lassen.
Den Kaffee in kleine Tassen einschenken.

Der Kaffee ist das tägliche Getränk der Libanesen. Eine Tasse Kaffee schmeckt zu jeder Gelegenheit.
Vor und nach einer Beerdigung ist es Brauch, den Trauergästen einen arabischen Kaffee anzubieten. Der Kaffee muss jedoch ohne Zucker gekocht werden, denn die Bitterkeit ist ein Zeichen für den traurigen Anlass. Die bewirteten Gäste bedanken sich für den Kaffee mit den Worten »Gott sei ihm/ihr gnädig«.

Weißer Kaffee
Qahwa bayda

القهوة البيضاء

Zubereitungszeit: 5 Minuten

400 ml Wasser
1½ TL Roh-Rohrzucker
4 TL Orangenblütenwasser

Das Wasser zum Kochen bringen. Den Zucker dazugeben. Das gesüßte Wasser in kleine Tassen gießen und jeweils 1 TL Orangenblütenwasser hinzufügen.

Obwohl es sich bei diesem warmen Getränk nicht um Kaffee handelt, nennen wir Libanesen es so.
Abends können viele Menschen den arabischen Kaffee nicht mehr trinken, da sie sonst die ganze Nacht wach bleiben würden. Im Gegensatz dazu wirkt der weiße Kaffee sehr beruhigend.

Eisenkrauttee
Luwayziyye

لويزية

Zubereitungszeit: 15 Minuten

1 l Wasser
3 EL Eisenkrautblätter
Roh-Rohrzucker

Das Wasser in einem Topf zum Kochen bringen.
Eisenkrautblätter dazugeben und 1 Minute kochen lassen. Anschließend den Topf vom Herd nehmen und zugedeckt 10 Minuten ziehen lassen. Den Tee in Tassen einschenken und nach Belieben süßen.

Limonade
Limonade

ليمونادة

Zubereitungszeit: 10 Minuten
+ 2 Stunden Kühlzeit

150 g Roh-Rohrzucker
120 ml Wasser
250 ml Zitronensaft
150 ml Orangensaft
1½ EL abgeriebene Zitronenschale (unbehandelt)
1 TL Orangenblütenwasser
Eiswürfel
Wasser

Den Zucker im Wasser bei schwacher Hitze auflösen und bei geschlossenem Topf 5 Minuten kochen. Zuckerlösung abkühlen lassen.
Zitronen- und Orangensaft, abgeriebene Zitronenschale und Orangenblütenwasser vermischen. Die Zuckerlösung mit der Saftmischung verrühren und die Limonade 2 Stunden im Kühlschrank kalt stellen.
Vor dem Servieren die Eiswürfel zerkleinern. Je 2 EL Eis in ein Glas geben und je zur Hälfte mit Limonade und kaltem Wasser auffüllen.

Rosengetränk
Scharab Alwarid

شراب الورد

Zubereitungszeit: 15 Minuten

500 g Roh-Rohrzucker
250 ml Wasser
1 EL Zitronensaft
2 Tropfen rote Lebensmittelfarbe
125 ml Rosenwasser
50 g Pinienkerne
1 l kaltes Wasser
10 Eiswürfel

Zucker, Wasser und Zitronensaft so lange bei mittlerer Hitze erwärmen, bis sich der Zucker aufgelöst hat. Die Zuckerlösung 5 Minuten köcheln lassen.
Die Lebensmittelfarbe und das Rosenwasser hinzufügen und umrühren.
Rosensirup abkühlen lassen und in den Kühlschrank stellen.
Die Pinienkerne in Wasser einweichen.
In jedes Glas (300 ml) 3 EL Rosensirup und etwa 200 ml kaltes Wasser einfüllen.
Die Eiswürfel in der Küchenmaschine zerkleinern, davon jeweils etwa 2 EL ins Glas geben und 1 TL Pinienkerne darüberstreuen.

Das erste Café, das ich als Kind kannte, befand sich in meinem Dorf. In »Abdus Café« trafen sich meist nur die Männer, tranken Kaffee oder Abdus Spezialität, das Rosengetränk. Er hat verschiedene Getränke gemixt, zum Beispiel Rosen- und Dattelgetränke. Dazu aßen die Gäste Kekse. Viele Männer brachten ihren Frauen dieses Getränk mit nach Hause. Wir Kinder durften das leckere Getränk im Café im Stehen genießen.

Heiße Schokolade
Schokola

الشوكولا الساخنة

Zubereitungszeit: 5 Minuten

400 ml Wasser
4 TL Kakaopulver
2½ TL Zucker

Das Wasser zum Kochen bringen.
Kakaopulver und Zucker hinzufügen und rühren, bis die Schokolade dreimal hochgekocht ist.
Die Schokolade in kleine Tassen einschenken und heiß servieren.

143

Wintertee
Zhurat

زهورات

Zubereitungszeit: 15 Minuten

1 l Wasser
10 ganze Mandeln mit der harten Schale
2 EL Ysop
3 Bitterorangenblätter, ersatzweise 1 EL getrocknete Melisse
2 TL getrockneten Thymian
Roh-Rohrzucker oder Vollrohrzucker nach Belieben

Das Wasser zum Kochen bringen.
Währenddessen die Mandeln knacken und von der harten Schale befreien.
Mandelkerne grob zerdrücken.
Die Hälfte der Mandelschalen mit Ysop, Bitterorangenblättern und Thymian vermischen.
Die zerdrückten Mandeln ins kochende Wasser geben und 1 Minute im offenen Topf kochen lassen.
Die Schalen-Kräuter-Mischung in einen Beutel geben, in die Teekanne legen und mit dem heißen Mandelwasser übergießen. Den Tee etwa 10 Minuten ziehen lassen, dabei die Kanne auf ein Stövchen stellen.
Teebeutel herausnehmen und den Tee in die Tassen einschenken. Nach Belieben süßen.

Menü-Vorschläge

Bauernsalat	Seite 38
Kichererbsenbällchen (Falafel)	Seite 88
Tahinadip	Seite 32
Gebratene Zucchini	Tipp auf Seite 59
dazu Brot und eingelegte Rüben	Seite 76
Reispudding	Seite 131
Kaffee	Seite 138

* * * * * *

Gefüllte Weinblätter	Seite 62
Kichererbsenmus (Hommos)	Seite 67
Kartoffeln im Backofen	Seite 68
dazu Brot und Radieschen	
Nuss-Blätterteig-Pastete (Baklawa)	Seite 126
Kaffee	Seite 138

* * * * * *

Rote-Bete-Salat	Seite 48
Spinattaschen	Seite 72
Kartoffeln mit Koriander	Seite 69
Auberginen mit Tahina	Seite 57
dazu Brot und eingelegte Gurken	
Gefüllte Datteln	Seite 127

* * * * * *

Möhrensalat	Seite 46
Angemachte Dicke Bohnen	Seite 65
Reis mit Tomaten	Seite 118
dazu Brot	
Süßer Grießauflauf	Seite 132
Kaffee	Seite 138

* * * * * *

Tomaten-Petersilien-Burghul-Salat (Tabboule)	Seite 51
Kartoffeln mit Koriander	Seite 69
Auberginen-Reis-Topf	Seite 95
dazu Brot und eingelegte Gemüse	
Obstsalat	Seite 133
Kaffee	Seite 138

* * * * * *

Tomaten-Gurken-Salat	Seite 53
Linsenteller	Seite 115
dazu Brot und eingelegte Gemüse	
Obst und Kaffee	Seite 138

* * * * * *

Linsensuppe	Seite 20
Tomaten-Gurken-Salat	Seite 53
Angemachte Kartoffeln	Seite 113
dazu Brot, eingelegte weiße Rüben	Seite 76
und eingelegte grüne Oliven	Seite 77
Reis-Gewürz-Pudding (Mighli)	Seite 130
Kaffee	Seite 138

* * * * * *

Spinatsalat	Seite 50
Linsen-Reis-Teller	Seite 107
dazu Brot und Oliven	
Süßer Grießauflauf	Seite 132
Kaffee	Seite 138

* * * * * *

Salat nach Belieben	ab Seite 34
Gebratene Gemüse: Auberginen, Zucchini und Blumenkohl	Seite 59
Tahina-Koriander-Sauce	Seite 31
dazu Brot und eingelegte Gurken oder Paprika	
Zuckertaler	Seite 129
Kaffee	Seite 138

* * * * * *

Löwenzahnsalat	Seite 42
Burghul mit Kichererbsen	Seite 97
dazu Brot und Radieschen	
Obstsalat	Seite 133
Kaffee	Seite 138

* * * * * *

Rohkostteller mit frischem Gemüse, z. B. Paprika, Gurken und Radieschen	
Grüne Bohnen	Seite 80
Gekochte Kartoffeln mit Öl	Seite 79
dazu Brot	
Reis-Gewürz-Pudding (Mighli)	Seite 130
Kaffee	Seite 138

✶✶✶✶✶✶

Möhrensalat	Seite 46
Gefüllte Zucchini	Seite 100
Kichererbsenbällchen (Falafel)	Seite 88
dazu Brot und eingelegte Gemüse	
gefüllte Datteln	Seite 127
Kaffee	Seite 138

✶✶✶✶✶✶

Fast alle gekochten Gerichte in diesem Buch sind auch für ein **kaltes Büfett** geeignet. Gekochte Speisen, die mit Öl zubereitet wurden, schmecken auch nach ein paar Stunden oder auch am nächsten Tag hervorragend. Salate sollten ohne Öl und Salz vorbereitet werden und erst kurz vor dem Verzehr mit der Sauce vermischt werden.

Geeignete Rezepte als **Häppchen für Partys und Empfänge** sind: Kartoffel- und Spinattaschen, Bratlinge (z. B. vegetarische Kebbe oder Zucchinibratlinge), Falafel (Kichererbsenbällchen), Tabboule, gefüllte Wein- und gefüllte Mangold- blätter, Thymianplätzchen, gebratene Zucchini oder Auberginen, gebratener Blumenkohl, Tahinadip, Gemüseplätzchen.

Kleine Warenkunde

Arak (Anisschnaps)

Arak ist das libanesische Nationalgetränk. Dazu wird gegorener Traubensaft mit Anis vermischt und destilliert. Die so gewonnene, hochprozentige alkoholische Flüssigkeit wird noch einmal mit Anis vermischt und destilliert. Arak kann pur oder mit Wasser und Eiswürfeln verdünnt getrunken werden. Für die Mischung gilt die Regel: 1 Drittel Arak zu 2 Drittel Wasser.

Baharat

Baharat ist der Oberbegriff für Gewürze. Eine »baharat«-Mischung enthält Paprika, Pfeffer, Kreuzkümmel, Koriander, Gewürznelken, Zimt, Muskat und Kardamom.

Bohnenkraut

Bohnenkraut gehört wie Thymian zu den Lippenblütengewächsen. Es wird aber nicht für Zaater-Mischungen oder für Eintöpfe, sondern nur für frische Salate verwendet.

Burghul

Für Burghul wird Hartweizen vorgegart und getrocknet und anschließend geschrotet. Den feinen Burghul benutzt man in Aufläufen und Salaten, den groben in Eintöpfen.
In türkischen Lebensmittelgeschäften, im Reformhaus und Naturkostladen wird er unter dem Namen Bulgur angeboten.

Glatte Petersilie

Die glatte Petersilie spielt in der libanesischen Küche eine Hauptrolle als Gemüse und auch als Gewürz. Petersilie ist gesund und reich an Vitamin C. Krause Petersilie ist im Libanon nicht gebräuchlich.

Kaffee

Der arabische Kaffee wird fein gemahlen, nach Belieben fügt man gemahlenen Kardamom dazu. Den Kaffee kocht man in einer speziellen kleinen Kanne mit Stiel, je nach Geschmack mit oder ohne Zucker, auf. Arabischer Kaffee ist in arabischen und türkischen Fachgeschäften erhältlich.

Kardamom

Kardamomsamen sitzen in einer Kapselhülle, die das feine Aroma bewahren hilft. Daher sind Kardamomsamen, die frisch zermahlen oder zerrieben werden empfehlenswerter als Kardamompulver. Das Gewürz wird gerne arabischem Kaffee beigegeben und ist in den meisten Gewürzmischungen enthalten.

Kichererbsen

Kichererbsen gehören zur Familie der Hülsenfrüchte. Sie sind doppelt so groß wie Erbsen, im frischen Zustand sind sie grün, getrocknet aber gelb. Kichererbsen sind reich an Eisen und können vielseitig verwendet werden. Sie sind im Reformhaus, Naturkostladen oder in arabischen und türkischen Fachgeschäften erhältlich.

Korianderblätter

Frische Korianderblätter ähneln der glatten Petersilie. Sie werden hauptsächlich zum Kochen und nicht für frische Salate benutzt. Sie sind in indischen oder arabischen Lebensmittelgeschäften oder in gut sortierten Gemüsegeschäften erhältlich.

Kreuzkümmel

Libanesischer Kreuzkümmel ähnelt dem hierzulande bekannten Kreuzkümmel, schmeckt aber ganz anders. Die Körner werden geröstet und gemahlen und für Burghul- und Fleischgerichte verwendet. Er ist in arabischen und türkischen Lebensmittelgeschäften erhältlich.

Okraschoten

Die fingerlangen, grünen Gemüseschoten sind frisch, getrocknet oder in Dosen in arabischen und türkischen Fachgeschäften zu finden.

Rosen- und Orangenblütenwasser

Orangenblütenwasser wird aus den Blüten der Bitterorange gewonnen, Rosenwasser fällt meist bei der Gewinnung von Rosenöl an. Die Blütenwässer verleihen vor allem Süßspeisen ein besonderes Aroma. Sie sind in arabischen und türkischen Fachgeschäften und in Apotheken zu finden.

Sumach (Summak, Essigbaumgewürz)

Sumachpulver wird aus den getrockneten, roten Beeren des Essigbaums gewonnen. Das Gewürz ist fruchtig säuerlich und passt zu vielen Gerichten. Sumach wird gerne mit Thymian in Zaater-Mischungen kombiniert. Es ist in arabischen und türkischen Fachgeschäften und im Naturkostladen erhältlich.

Tahina (Sesammus)

Tahina ist eine dickflüssige Paste, die aus gerösteten Sesamkernen hergestellt wird. Die Farbe von Tahina ist hell oder dunkel, vor der Verwendung sollte es gut umgerührt werden. Es ist in arabischen und türkischen Fachgeschäften erhältlich. Im Reformhaus und im Naturkostladen wird es auch unter dem Namen »Tahin« angeboten.

Zaater

Zaater bedeutet auf Deutsch »Thymian«. Thymian wird im Libanon im Wald gesammelt.

Zaater ist aber auch die Bezeichnung einer Mischung aus Thymian, Sumach, Sesam und Salz. Andere Zaater-Mischungen enthalten dazu Oregano, Gewürze und Nüsse. Es ist in arabischen und türkischen Fachgeschäften erhältlich.

Die Autorin

Abla Maalouf-Tamer ist Libanesin und lebt nach einigen Jahren in Deutschland seit 2008 mit ihrem Mann in den USA. Vor Jahren entdeckte sie, dass die libanesische Küche auch dem mitteleuropäischen Geschmack entspricht. Die vielen Freunde, die sie im Laufe der Jahre bewirten durfte, haben sie immer wieder ermutigt, die Küche ihres Heimatlandes in Deutschland bekannter zu machen. Sie fing deshalb damit an, libanesische und orientalische Kochkurse anzubieten und hat jetzt ihre Rezepte für dieses Buch aufgeschrieben.

Rezeptindex

Wir engagieren uns noch stärker für den Klimaschutz!

Seit mehr als 15 Jahren drucken wir unsere Bücher weitestgehend auf Recyclingpapier und versuchen damit, eine ressourcenschonende und umweltfreundliche Buchproduktion zu ermöglichen.

In den letzten Jahren ist der Klimawandel mit seinen weitreichenden Folgen für uns und vor allem unsere nachfolgenden Generationen immer mehr zum Thema geworden. Die Auswirkungen sind bereits jetzt spürbar – Wetterextreme, sich verschiebende Jahreszeiten, Erderwärmung. Auch wenn diese Entwicklungen nicht mehr völlig aufzuhalten sind, müssen wir – auch als Verlag – aktiv werden.

Die *freiburger graphische betriebe*, die Druckerei, in der unsere Bücher produziert werden, beteiligen sich an der Klimainitiative der Druck- und Medienverbände Deutschland und bieten die Möglichkeit, Buchproduktionen klimaneutral herstellen zu lassen. »Klimaneutral« bedeutet den Ausgleich von Treibhausgasen bzw. die Neutralisation durch die Einsparung einer bestimmten CO_2-Menge an anderer Stelle. Da die Wirkungen des Treibhauseffektes global schädigen, ist es irrelevant, an welchem Ort der Welt Emissionen entstehen und wo sie dann letztendlich eingespart werden. Der gesamte Prozess des Ausgleiches von Treibhausgasen basiert auf dem Kyoto-Protokoll von 1997.

Wir haben nun die Möglichkeit, für jedes Druckprodukt den genauen Wert des CO_2-Ausstoßes, der auf den Produktionsprozess in der Druckerei und deren Materialeinsatz zurückzuführen ist, zu ermitteln. Mit Hilfe eines vom Bundesverband der deutschen Druckindustrie entwickelten Rechners, mit dem viele Faktoren erfasst werden – Energieverbrauch, Farbe, Papier, Transportwege oder Einsatz von Personal – wird am Ende der Buchproduktion ein Wert ermittelt, der die relevante Wertschöpfungskette für die technische Herstellung des Buchs umfasst und den durch die Produktion verursachten CO_2-Ausstoß nachweist.

Für diesen Wert bezahlen wir als Verlag einen Ausgleich, der dann in anerkannte und zertifizierte Klimaschutzprojekte fließt. Die Zertifizierung erfolgt durch die Organisation *firstclimate* (www.firstclimate.com) und wird durch das Logo »*Print CO_2 kompensiert*« angezeigt.

Die aus dem Druck dieses Buchs resultierende Klimaabgabe fließt in ein Windparkprojekt in der Marmara-Region in der Türkei.

Das Projektgebiet liegt in der Marmara-Region an einem Höhenrücken etwa 350 m über Meereshöhe, nahe der Dörfer Elbasan und Çatalca unweit Istanbuls. Im Rahmen des Projekts werden 20 Windenergieanlagen mit einer Nennleistung von je 3 MW errichtet.

Vegetarisches aus aller Welt

Sima Dourali / Soodabeh Durali-Müller:
Vegetarisch kochen – persisch
ISBN: 978-3-89566-233-1

Farsane Baraki:
Vegetarisch kochen – afghanisch
ISBN: 978-3-89566-213-3

Gertrud Dimachki:
Vegetarisches aus 1001 Nacht
ISBN: 978-3-89566-169-3

Katrin Eppler:
Vegetarisch kochen – türkisch
ISBN: 978-3-89566-271-3

Vegetarisch und gesund

Kerstin Lautenbach-Hsu:
Vegetarisch kochen – chinesisch
ISBN: 978-3-89566-259-1

Petra Skibbe und Joachim Skibbe:
Toskana vegetariana
ISBN: 978-3-89566-278-2

Nicola Koch / Ines Teitge-Blaha:
Vegetarisch kochen – thailändisch
ISBN: 978-3-89566-255-3

Lena Brorsson Alminger:
Schwedisch backen
ISBN: 978-3-89566-269-0

Vegan genießen

Heike Kügler-Anger:
Cucina vegana
ISBN: 978-3-89566-247-8

Angelika Eckstein:
Vegan backen
ISBN: 978-3-89566-239-3

Heike Kügler-Anger:
Frisch aufgegabelt – Nudeln vegan
ISBN: 978-3-89566-281-2

Heike Kügler-Anger:
Vegan unterwegs
ISBN: 978-3-89566-264-5

Gesamtverzeichnis bei:
pala-verlag, Rheinstraße 35, 64283 Darmstadt, www.pala-verlag.de
E-Mail: info@pala-verlag.de

© pala-verlag, Darmstadt 2011
2. korrigierte Auflage
ISBN: 978-3-89566-284-3
pala-verlag, Rheinstr. 35, 64283 Darmstadt
www.pala-verlag.de
Lektorat: Barbara Reis
Text- und Umschlagillustrationen: Margret Schneevoigt
Landkarte: Ingrid Keller
Druck: freiburger graphische betriebe
www.fgb.de
Printed in Germany

Dieses Buch ist klimaneutral produziert und
auf Papier aus 100 % Recyclingmaterial gedruckt.